MATTEO SINATTI

CUORI SPETTINATI

Amori catartici e attrazioni fatali. Il significato degli incontri che ti cambiano la vita

Rizzoli

Pubblicato per

Rizzoli

da Mondadori Libri S.p.A.

Per le citazioni all'interno del testo, si faccia riferimento ai seguenti testi:
p. 57, V. Nabokov, *Parla, ricordo. Un'autobiografia rivisitata*, traduzione di G. Ragni, Adelphi, Milano 2010.
p. 66, A. Faber, *Ti passo a perdere*, Interno Poesia, 2022.
p. 111, R. M. Rilke, *Lettere a un giovane poeta*, traduzione di L. Traverso, Adelphi, Milano 1980, pp. 29-30.
p. 127, C. G. Jung, *Opere. Vol. 16. Pratica della psicoterapia*, traduzione di S. Daniele e P. Santarcangeli, Bollati Boringhieri, Torino 1993.
pp. 171-172, M. de Andrade, *Ho contato i miei anni*, traduzione tratta da www.giornalesentire.it.
p. 184, M. Toto, *Sotto le scale*, 2023.

ISBN 978-88-17-19118-0
Prima edizione: aprile 2025
Seconda edizione: aprile 2025

Realizzazione editoriale: Studio Noesis

CUORI SPETTINATI

Ai Legami Gentili.
A chi un tempo era orto e ora è foresta.
A chi, passo dopo passo, trasforma
ogni incontro in una rivoluzione.

INTRODUZIONE

«Le persone capitano per caso nella nostra vita, ma mai a caso.» Così ha scritto Alda Merini, ed è difficile non rimanere folgorati di fronte alla saggezza sottile di questa frase. Se c'è una cosa che la psicologia e la vita ci insegnano ogni giorno, è che la casualità non esiste.

Alcuni incontri, alcuni sguardi che incrociamo sul nostro cammino, portano con sé un significato nascosto che spesso scopriamo quando è ormai troppo tardi. È quello che accade quando si insinuano nella nostra vita quelli che amo definire "amori catartici", i protagonisti di questo libro.

In psicologia, la catarsi è un processo di liberazione, di rivelazione e di trasformazione. Questo è il dono e insieme il fardello di certi amori: ci spogliano delle nostre maschere e ci mettono di fronte a noi stessi, rivelandoci chi siamo veramente. È così che ci fanno perdere la testa, dimenticare le priorità e a volte tradire i nostri stessi principi. Ci raccontiamo che tutto nasce da un'attrazione elettiva, ma la realtà è più complessa. Questi amori affondano le loro radici in dinamiche profonde, intime, che spesso ignoriamo.

È come se alcune persone avessero il potere di aprire la cella dell'irrazionalità e spingerci dentro con la ruvidezza di un secondino. Tuttavia, l'origine di quel potere non ci è estranea. Gli amori catartici non avvengono mai per caso perché non potrebbero manifestarsi senza precise condizioni. Nascono dal desiderio inconscio di riprendere possesso di se stessi.

Tutti noi siamo, in qualche modo, un'opera incompiuta. Nessuno può affermare di conoscere pienamente se stesso o di aver raggiunto una completa realizzazione. È proprio l'incompletezza a renderci capaci di emozionarci, di stupirci, di innamorarci e di cercare il mistero negli altri.

Talvolta, però, senza rendercene conto, arriviamo a reprimere aspetti essenziali della nostra personalità. Indossiamo maschere fingendo di essere chi non siamo e diventiamo sordi ai nostri bisogni più essenziali. Può capitarci, allora, di impantanarci in una stagnazione emotiva, di rimanere invischiati in relazioni che non ci completano, di vivere senza mai trovare una forma di appagamento profondo. Diventiamo, perciò, più vulnerabili, e gli amori catartici possono colpirci in modo dirompente. Se da una parte hanno il potere di far emergere la nostra vera essenza e ci restituiscono parti della nostra personalità che avevamo rinnegato, dall'altra ci soggiogano. Proprio nella loro capacità di liberarci risiede il loro potere, ed è su questo meccanismo che si innesca la dipendenza.

Hai mai vissuto un amore simile, un incontro che ti ha stravolto la vita? All'inizio provi beatitudine e ti sembra di aver trovato l'anima gemella. Ma quasi sempre arriva il momento in cui l'idillio si sgretola, anche senza un motivo apparente. È il momento in cui ti ritrovi a fare i conti con l'irrazionalità. Sai che il distacco sarebbe necessario per preservare la tua serenità. Sai che ormai la relazione è compromessa, eppure non riesci ad andartene. Quando si vive un amore simile, c'è una sola certezza: niente sarà più come prima. Possiamo lasciarci travolgere e rimanerne annientati, oppure possiamo uscirne più forti.

Alda Merini conclude la sua poesia dicendo che certi incontri, alla fine, se ne vanno lasciandoci niente. Dopo averci donato tutto, con la stessa rapidità con cui ci hanno sconvolto l'esistenza, anche gli amori catartici possono ferirci, calpestarci e abbandonarci. Ma il vuoto che rimane non è mai veramente tale: è in realtà un'occasione per portare a compimento la catarsi. Siamo esseri in continuo mutamento e, a volte, proprio gli incontri che ci lasciano a pezzi ci costringono a percorrere strade che non avremmo mai osato imboccare da soli. All'improvviso strade che prima sembravano tortuose e poco illuminate ci rivelano una versione di noi che non conoscevamo. La chiave per affrancarsi dal potere dell'amore catartico è proprio in questa riscoperta. Solo scavando a fondo fra le nostre componenti irrisolte potremo trovare la nostra autenticità. A quel punto non avremo più bisogno di indossare maschere e sapremo dare ascolto alle nostre esigenze profonde senza cercare appoggi in una relazione. Troveremo la forza e la felicità in noi stessi, e proprio quando smetteremo di cercare l'amore per colmare un vuoto, saremo davvero pronti a innamorarci, questa volta per scelta e non per necessità.

PARTE PRIMA
STORIA DI UN AMORE CATARTICO

La folgorazione

Uno dei casi più interessanti di amore catartico in cui mi sono imbattuto è la storia di Anita. Ricordo ancora il giorno in cui si presentò nel mio studio senza preavviso. Era pomeriggio inoltrato, avevo da poco terminato le sedute con i pazienti, non mi restava che rispondere a qualche e-mail e poi avrei potuto dedicarmi ai programmi per la serata: una corsetta e la cena a casa, in relax. Proprio allora, Francesca, la mia segretaria, si affacciò nello studio per informarmi che Anita desiderava parlarmi.

«Dice che le bastano dieci minuti, è una cosa urgente» spiegò.

Pensai subito che quella comparsa inattesa non presagisse nulla di buono. Conoscevo molto bene Anita: l'avevo avuta in cura per sei anni, un percorso lungo e complesso per risolvere le crisi di ansia e le insicurezze che la attanagliavano. Alla fine, la terapia si era risolta con successo, e dal nostro ultimo incontro erano già trascorsi due anni. Se aveva di nuovo bisogno di parlarmi, mi dissi, era perché certamente stava attraversando una crisi, una delusione feroce che le aveva fatto perdere l'equilibrio. Forse la fine della relazione storica con Giacomo, un tradimento, un colpo di testa, oppure un figlio in arrivo. A mettermi in guardia c'era inoltre un altro aspetto: Anita era una persona molto timida, rispettosa, animata da un senso di accondiscendenza che la spingeva a considerare i bisogni altrui prima dei propri. Era perciò decisamente insolito che si presentasse nel mio studio senza aver preso un regolare appuntamento.

Misi fine alle mie speculazioni e dissi a Francesca di farla entrare. Ero pronto all'idea di vederla scoppiare in lacrime appena si fosse seduta, ma Anita si presentò con un'aria seria e composta, quasi indecifrabile.

«La ringrazio di cuore per avermi ricevuta. Mi spiace di non averla avvertita, ma...» esordì.

«Come stai, Anita?» la interruppi subito io, che non sono mai stato un amante dei convenevoli.

Mi fissò per alcuni secondi senza rispondere. Non riuscii a trattenere un sospiro: ero certo che quell'esitare fosse il preludio di una crisi in grande stile – nonché del naufragio dei miei progetti per la serata. E invece Anita mi stupì.

«Mai stata meglio di così, dottore! Ed è tutto merito suo.» Pronunciò quelle parole con un sorriso raggiante e un'energia che non aveva mai manifestato in passato.

«Sono contento... mi hai fatto prendere un colpo. Pensavo stessi male.»

«Sì, lo so, ho voluto farle uno scherzo. Mi dispiace, ma non ho resistito!»

Anche fare scherzi non era decisamente da lei. Ero sempre più perplesso.

«Cos'è successo?»

«Ho conosciuto un ragazzo, mi ha chiesto di andare a vivere da lui. Dottore, mi creda, è meraviglioso. Sono innamorata persa.»

«Ma è una notizia bellissima...» esclamai, quasi incredulo.

«Sì, sono davvero felice, non credevo potesse accadere, e invece l'amore mi ha colta di sorpresa.» Emanava una gioia vera, quel tipo di gioia contagiosa che ti fa venir voglia di saperne di più.

«Dimmi qualcosa di lui. Da quanto tempo lo conosci?»

«Tre settimane.»

«Ah...»

«Cioè... stiamo insieme ufficialmente da tre settimane, ma in realtà lo conosco da un bel po'.»

«Bene, da quanto, all'incirca?»

«Dal tredici febbraio, giorno in cui ci siamo visti per la prima volta. Quindi... ormai sono quasi tre mesi.»

«Ah...»

«So che sembra folle, ma mi creda, non avrei mai pensato di incontrare una persona così speciale. Diego è fantastico, e insieme siamo perfetti. Ce ne siamo accorti già dal primo appuntamento, qualcosa è scattato a pelle, qualcosa di profondo, quasi mistico. Perciò volevo ringraziarla, perché sono sicura che senza di lei non avrei mai trovato il coraggio di lasciarmi andare e mi sarei persa tutta questa magia.»

Come ti comporti quando una persona che ti sta a cuore è al settimo cielo, mentre tu nutri dubbi sulle ragioni della sua felicità? Manifesti le tue perplessità, rischiando di smontare il suo entusiasmo, oppure le tieni per te? Anita sembrava davvero felice, e io non avevo abbastanza elementi per giudicare.

«Come ti spieghi questa "magia"? Intendo, come la descriveresti?» cercai di indagare.

«Non lo so. È magia, pura e semplice.»

«Va bene, ma cosa ti piace veramente di questa persona?»

«Tutto.»

Che cosa le era accaduto? Si era innamorata, ovvio. Ma io la conoscevo da tempo, sapevo che si era già innamorata in passato e che non era mai stata così precipitosa nelle sue decisioni. In realtà, non era mai stata precipitosa in alcun ambito. Mai un colpo di testa, una decisione istintiva o un cambio repentino rispetto a un piano prestabilito. Certamente questa volta poteva trattarsi di un amore diverso, un sentimento profondo, maturo, tutte eventualità che non potevano essere escluse a priori. Eppure, c'erano alcuni elementi in quella vicenda che mi insospettivano.

Uno in particolare. «E Giacomo? Che fine ha fatto? È vivo? Si è forse smaterializzato?»

Quando l'avevo conosciuta, circa otto anni prima, Anita era già fidanzata con Giacomo, insegnante come lei. La loro era una storia lunga, lineare, che tuttavia, malgrado le pressioni da parte delle rispettive famiglie, non era mai culminata in un progetto di coppia concreto. Non l'avevo mai davvero capita, anche perché, stranamente, Anita non ne parlava quasi mai nei nostri incontri. Era come se la sua relazione con Giacomo fosse distante da quelli che percepiva come i suoi veri problemi.

Quando cercavo di fare delle domande a riguardo, sgattaiolava via lasciando intendere che la coppia era solida, per poi addentrarsi in altre fragilità che l'attanagliavano.

Ma ora Giacomo era stato lasciato di punto in bianco con una motivazione netta che non ammetteva repliche.

«È finita. Non sono più innamorata» mi rispose lei. «L'ho comunicato a Giacomo con queste precise parole. Certo, non è stato facile. Ho sofferto, pianto assieme a lui, l'ho consolato. Ma sono stata molto chiara: non c'è nessuna possibilità che io ci ripensi.»

Anita, dunque, non aveva lasciato Giacomo perché qualcosa nel loro rapporto si era incrinato, ma perché aveva sentito nascere un sentimento sconosciuto. Una potenza attrattiva tale da farle immaginare una nuova vita e una progettualità che prima non aveva mai nemmeno considerato.

«Quello che vivo con Diego è qualcosa che non avevo mai provato prima, nemmeno con Giacomo» aggiunse, come a conferma della mia ipotesi.

Sembrava essere governata da una forza istintiva che aveva ben poco di razionale. Le chiesi allora di raccontarmi di Diego, di come si erano conosciuti. Lo fece con una perizia degna di un romanzo e con un trasporto tale che ebbi l'impressione di sentire in prima persona ciò che quel ragazzo aveva risvegliato in lei. Parlò di quel primo incontro come di «una lenta ma inesorabile folgorazione»: un ossimoro, oltre che un altro segnale della deriva irrazionale che avevano preso i pensieri di Anita.

Si erano conosciuti alla presentazione del libro di Anita, un saggio pedagogico sul bullismo, la sua prima pubblicazione. Giacomo quel giorno non aveva potuto presenziare a causa di un impegno apparentemente inderogabile. Alla fine dell'evento, Diego aveva fatto la fila insieme ad altri spettatori per avere una firma sulla propria copia del libro e quella sera stessa l'aveva contattata su Instagram.

Trovava il saggio interessantissimo, scriveva Diego, pieno di spunti su cui non aveva mai riflettuto, e avrebbe voluto sottoporle qualche domanda per approfondire. Anita, che era alla sua prima pubblicazione e non aveva mai ricevuto attenzioni simili né dai lettori né dai suoi studenti, rispose che sarebbe stata ben lieta di soddisfare le sue curiosità. Fu l'inizio di una fitta corrispondenza.

Diego, ci tenne a precisare Anita, era diverso dagli altri. Non si perdeva in complimenti prevedibili, né premeva per incontrarla. Era sinceramente interessato al tema del bullismo. Non c'era coinvolgimento né fretta, in quella relazione epistolare, solo scambi proficui, senza secondi fini.

E tuttavia, un giorno, all'uscita dell'università, Anita si trovò davanti un ragazzone timido e impacciato che le porgeva una margherita. Era Diego. «Sono venuto per ringraziarti della pazienza e delle risposte» esordì, e le propose di prendere un caffè al bar. All'uscita dal locale, prima di salutarsi, Diego aveva già cambiato tono. «C'è qualcosa dentro di te che mi attira» le disse. «Più provo a distaccarmene, più diventa forte.»

Anita avrebbe potuto sottrarsi, come aveva fatto in altre occasioni. Del resto, la capacità di mantenere le distanze non le aveva mai fatto difetto. Ma quel giorno non volle o non ne fu in grado. Il bacio che seguì fu la conseguenza inevitabile della sua resa. Il resto venne da sé, senza che Anita potesse esercitare alcun controllo.

Questa perdita della dimensione razionale era proprio ciò che mi preoccupava. Un paio di mesi dopo quell'incontro al bar, Anita aveva deciso di andare a vivere con Diego, mandando a monte la sua lunga e stabile relazione con Giacomo. Era stato tutto eccessivo e rapido.

Ciononostante, decisi di tenere per me quelle valutazioni. Del resto Anita si era presentata nel mio studio solo per ringraziarmi e per rendermi partecipe della bella notizia, non per chiedere la mia opinione né tantomeno per ricevere consigli. Perciò, quel giorno, non feci altre domande, mi limitai ad augurarle una vita felice. Lei si congedò presto, salutandomi con quel sorriso che continuava ad apparirmi forzato.

La serata, dunque, proseguì secondo programma. Infilai la tuta e le scarpette da runner e mi concessi una lunga corsa tra le mie adorate colline alle porte del Chianti. Tuttavia, mentre correvo, continuavo a pensare ad Anita. Qualcosa mi diceva che l'avrei rivista presto.

INNAMORAMENTO E INFATUAZIONE

«Il cuore ha le sue ragioni che la ragione non conosce» scrisse Blaise Pascal, celebre filosofo e matematico. Le questioni amorose sembrano seguire una logica insondabile, inaccessibile agli strumenti della razionalità. Tuttavia, quando parliamo di questioni di cuore, stiamo sempre parlando di amore?

Contrariamente a quanto si potrebbe credere, innamorarsi non equivale sempre ad amare. In psicologia, l'innamoramento rappresenta la fase iniziale di una relazione romantica, ed è caratterizzato da un'intensa attrazione e dall'idealizzazione dell'altro. Durante questa fase, viviamo una vicinanza emotiva e fisica quasi esclusiva. Tuttavia, pur lasciando spazio a una certa dose di irrazionalità, l'innamoramento "sano" mantiene un radicamento nella realtà. Non ci impedisce, per esempio, di vedere i difetti del partner, anzi; nella peggiore delle ipotesi, ci spinge a ridimensionarli o a considerarli difetti "piacevoli".

Talvolta, prima dell'innamoramento, emerge una fase ancora più istintiva e immediata: l'infatuazione. È spesso innescata dall'attrazione fisica o da una sintonia di superficie ed è caratterizzata da una vistosa perdita di lucidità. Nell'infatuazione, i difetti del partner scompaiono, le incompatibilità vengono ignorate.

«Ma non ti mette a disagio che abbia avuto problemi con la legge?» chiesi un giorno a una mia paziente infatuata di un truffatore recidivo.

«Non ha più pendenze legali da ormai due mesi!» mi rispose lei, accecata d'amore.

In realtà, l'infatuazione non ha nulla a che fare con l'amore autentico. Si può essere infatuati per puro spirito competitivo, per l'incapacità di tirarsi indietro di fronte a una sfida o per il desiderio di essere al centro dell'attenzione. C'è chi si infatua del carismatico dirigente d'azienda e chi della fidanzata del proprio migliore amico. Persino una vecchia fiamma può riaccenderla quando scopriamo che si è rifatta una vita.

L'infatuazione è dunque un sentimento che sorge e svanisce con rapidità; più che un legame, è una pulsione di possesso. A volte basta che uno dei due partner domandi: «Ma io per te che cosa sono?» affinché l'euforia dell'infatuazione si dissolva rapidamente. E questo perché, quando viviamo un sentimento di questo tipo, in cuor nostro, sappiamo che non si tratta della persona giusta.

Il tempo del paradosso

Purtroppo non mi sbagliavo. Anita si ripresentò nel mio studio appena qualche mese dopo. Questa volta aveva preso un regolare appuntamento con la mia segretaria: l'euforia, che durante il nostro ultimo colloquio aveva trattenuto a stento, era svanita, sostituita da un'inquietudine cupa.

«Dottore, le cose non vanno bene» disse, dopo aver preso posto sulla solita poltroncina.

Come mi aspettavo, erano sorti i primi problemi con Diego, tutt'altro che trascurabili, e per questo Anita aveva deciso di riprendere la terapia.

«Diego non vuole più convivere con me. Mi ha delicatamente invitata a tornarmene a casa.»

«Quindi vi siete lasciati?»

«No, questo no...»

La situazione era più ingarbugliata di quanto temessi.

«Parti dall'inizio, Anita. Quando sono iniziati i problemi? Qual è stato l'innesco?» le chiesi allora, nel tentativo di fare ordine.

Anita non rispose subito. Sembrava assorta nei suoi pensieri, con lo sguardo fisso in un punto imprecisato davanti a sé.

«È stato un quadro» stabilì infine. «Il mio regalo per il suo onomastico. Mentre lo scartava ho capito subito che qualcosa non andava. Era serio, teso, non diceva una parola. Quando lo ha visto, ha sospirato e mi ha ringraziato freddamente. Poi mi ha spiegato che non amava i colori. A suo dire, avrei dovuto arrivarci da sola.»

In effetti, mi spiegò Anita, Diego aveva arredato il suo appartamento secondo un rigoroso stile minimalista. Gli unici colori presenti nell'abitazione erano il bianco, il nero e il marrone. La casa dice molto della personalità del suo proprietario, e il minimalismo intransigente di Diego sembrava riflettere tratti ossessivi di ordine e controllo. Anita, ignara di tutto ciò, aveva ingenuamente pensato di ravvivare un po' l'atmosfera con un bel paesaggio dalle tinte brillanti trasgredendo a quel tacito codice estetico; era bastato questo perché Diego la invitasse a sloggiare.

«Parlami di Diego» le chiesi allora. «Che cosa sai davvero di lui?»

Ne emerse un ritratto sfocato, pieno di ombre e lacune. Diego aveva quarantacinque anni e nessuna delle sue storie passate aveva mai superato i sei mesi. Della sua famiglia di origine parlava pochissimo, ma Anita immaginava che i rapporti fossero tutt'altro che idilliaci. Per il resto, riuscii a scoprire che faceva l'avvocato in uno studio piuttosto rinomato, nient'altro.

Ero perplesso. Anita aveva trentotto anni, era sempre stata una donna prudente e lucida. Ripensai al suo percorso terapeutico. Era venuta da me per trattare l'ansia e la scarsa autostima. Insegnava, ma il suo vero sogno era lavorare come ricercatrice all'università, tuttavia era convinta di non esserne all'altezza. La terapia, però, aveva dato i suoi frutti: Anita aveva superato le sue insicurezze e curato di conseguenza anche l'ansia e la mancanza di amor proprio. Aveva perfino ottenuto un dottorato. Insomma, sembrava aver risolto i suoi problemi.

Eppure, a distanza di un paio di anni, appariva vulnerabile e incerta come non l'avevo mai vista.

Dopo quel primo incontro, continuò a presentarsi regolarmente alle sedute. Nel frattempo, aveva lasciato la casa di Diego ed era tornata a vivere nel suo appartamento, ma era determinata a portare avanti la relazione. Diego assecondava le sue speranze, pur mantenendo delle riserve. «Io ti amo, lo sai» le diceva, «ma ho bisogno dei miei spazi. Se stiamo sempre insieme, non riesco a concentrarmi sul lavoro...» Continuava a scriverle e a chiamarla, ma con meno regolarità.

«Quando ci siamo conosciuti e nelle prime settimane di convivenza, tutto era perfetto» mi confidò Anita, con un'ombra di nostalgia nella voce. «C'era una sorta di magia a tenerci uniti. Da quando sono tornata a casa, quella magia sembra funzionare solo a tratti. E, tuttavia, continuo a non poterne fare a meno.»

Ancora una volta, quando le chiesi in cosa consistesse questa magia, le sue risposte furono vaghe. Sapeva individuare con precisione gli atteggiamenti e i comportamenti di Diego che le causavano dolore, ma non il motivo per cui non riusciva a fare a meno di lui.

L'ALFABETIZZAZIONE EMOTIVA

All'inizio di un innamoramento, ci troviamo immersi in una sorta di euforia, un vortice di emozioni confuse. Tendiamo a esprimere i nostri sentimenti con un linguaggio vago e generico che riflette l'intensità dei nostri sentimenti, ma anche l'incapacità di comprenderne l'origine.

L'innamoramento risveglia bisogni profondi e latenti che sembrano trovare, come per magia, un appagamento nel partner. Abbiamo la sensazione che l'altro sia la persona giusta per noi, senza darci una ragione precisa. La stessa perdita di lucidità si manifesta quando una relazione va in crisi o diventa tossica. In quel caso, la mente si focalizza sul dolore, sulle mancanze e sui difetti del partner, e non è in grado di riconoscere i motivi che ancora ci tengono legati.

Qual è la conseguenza di questa incapacità di guardare dentro noi stessi? Semplice: se non riusciamo a dare un nome a ciò che proviamo, rischiamo di rimanere intrappolati nelle nostre emozioni e dunque non siamo in grado di prendere decisioni consapevoli e di lavorare sugli aspetti più profondi della nostra identità.

Ecco perché tutti dovremmo esercitarci nell'alfabetizzazione emotiva. Saper riconoscere con precisione ciò che ci attrae in una persona e cosa, invece, potrebbe essere frutto di un processo di idealizzazione è fondamentale per costruire un rapporto sano.

L'alfabetizzazione emotiva è un atto di comprensione e rispetto verso noi stessi: implica trovare un significato ai segnali che arrivano dal nostro mondo interiore. Solo così possiamo evitare di farci "comandare" dalle emozioni.

Era frustrante quando le mie domande venivano ignorate, per quanto involontariamente, ma soprattutto quando le risposte di Anita toccavano aspetti che non avevano niente a che fare con ciò che chiedevo.

«Come ti senti quando siete insieme?»

«Bene. I problemi nascono quando non siamo insieme: non mi chiama, e se lo chiamo io è sfuggente, distratto...»

«Va bene, ho capito, ma quando siete insieme, quando state bene, cosa succede tra voi? Cosa provoca questo benessere?»

«Non lo so, è tutto... tutto così magico. Mi sento splendente, ma poi lui si nega e non mi permette di avvicinarmi. Sento che dovrei allontanarmi e invece rimango. Spesso sono io a telefonargli, e per questo mi odio. Una parte di me vorrebbe staccarsi da lui, un'altra non riesce a farne a meno» mi spiegava Anita. «Io vorrei una storia seria, basata sul rispetto. Ma lui insiste nel dire che ha bisogno dei suoi spazi. Tutto questo per me è inaccettabile, eppure non riesco a chiudere e nemmeno a far valere le mie ragioni.»

Era ovvio, ormai, che Anita soffriva di una forma di dipendenza. I segnali di questa condizione sono evidenti. La mente si frantuma in mille schegge e il linguaggio si scinde, svelando una sovrapposizione di voci interiori divergenti: «Una parte di me vorrebbe una cosa... un'altra, invece...». È una condizione paradossale, intrisa di un dolore profondo, in cui l'irrazionalità prende il sopravvento e ci trascina in terre sconosciute dove i principi vacillano, la dignità e l'orgoglio si dissolvono.

«La scorsa settimana gli ho detto che era finita» mi raccontò un giorno. «Ho scoperto che si vedeva con una collega, che lei gli aveva mandato delle foto intime. Non ne ho la certezza, ma sospetto che abbiano fatto sesso. Non ci ho visto più, l'ho bloccato dappertutto e sono sparita per giorni. Sono stata malissimo. Poi, un paio di sere fa, si è presentato sotto casa mia e ha provato a baciarmi... non ho saputo frenarmi. Sono stata sopraffatta dalle emozioni e abbiamo fatto l'amore.»

«Come è andata dopo? Avete chiarito?»

«È questo il problema! Non del tutto. Mi ha chiesto scusa, certo, ma niente di più. Non mi ha dato spiegazioni né rassicurazioni. Abbiamo semplicemente ripreso a vederci. E ora mi sento come se una parte di me avesse paura di riaprire l'argomento. Se lo facessi, rischierei di nuovo il distacco. A volte non riesco neanche a guardarmi allo specchio.»

Quando un paziente mette in atto comportamenti umilianti pur di non compromettere la propria relazione, noi psicologi tendiamo a pensare che soffra di dipendenza affettiva. Tuttavia, nel caso di Anita, c'erano elementi che mi facevano dubitare di questa tesi. Lei non rientrava nella categoria, o quantomeno, nella sua vita non aveva mai evidenziato comportamenti assimilabili a questo problema. Non aveva avuto molte relazioni, ma era sempre stata lei a lasciare. Nel momento in cui si accorgeva che l'amore si era spento, aveva sempre avuto il coraggio di dire basta. La storia con Giacomo si era trascinata a lungo, certo, ma per lui aveva sempre provato un sentimento autentico e non c'erano stati motivi concreti per interromperla. Solo quando era arrivato Diego, aveva preso la decisione di cambiare rotta. Prima di allora non si era mai umiliata, né aveva sopportato comportamenti irrispettosi. Sebbene fosse timida e avesse delle insicurezze, sapeva di essere una ragazza carina, capace, indipendente e tutt'altro che ingenua. Riconosceva i propri difetti, l'eccessiva accondiscendenza, l'incapacità di dire no, la scarsa intraprendenza, ma sapeva anche identificare e apprezzare il proprio valore. Era una persona stabile, che non aveva bisogno di un partner per colmare i propri vuoti. Possibile che tutto a un tratto si fosse persa?

LA DIPENDENZA AFFETTIVA

Lo psicologo Nicola Ghezzani definisce la dipendenza affettiva come una forma patologica di attaccamento radicalmente distante dall'amore autentico. Il dipendente affettivo si lega alle altre persone in modo ansioso, ha un'immagine distorta di sé, avverte un profondo senso di inadeguatezza ed è affetto da scarsa autostima. Insegue le relazioni in modo compulsivo, con l'intento di riempire il vuoto interiore e di placare l'angoscia esistenziale legata alla solitudine e all'insignificanza.

Il dipendente affettivo è convinto che il valore della propria esistenza derivi dall'altro. Il tempo passato lontano dal partner è vissuto con ansia e abitato da paranoie e insicurezze. Pur di non perdere il legame con l'altro, il dipendente affettivo può arrivare a tradire se stesso e a rinunciare alla propria autenticità. Forte di questo potere, da figura "salvifica", il partner può trasformarsi in persecutore. La relazione diventa allora una prigione emotiva.

Quando lavoro con pazienti intrappolati in relazioni di dipendenza affettiva, pongo loro una domanda: «Cosa sei arrivato a sopportare?».

Le risposte sono spesso sorprendenti: raccontano storie di sacrifici e compromessi, e di perdita della dignità. Una paziente, per esempio, era stata più volte derubata dal compagno, ma continuava a perdonarlo. Un altro paziente era arrivato a minacciare l'amante della compagna.

Sono esempi estremi e, per fortuna, rari, ma quasi tutti i dipendenti affettivi adottano comportamenti autolesionisti. L'obiettivo del terapeuta è di aiutarli a riscoprire un senso di dignità imparando a riconoscere il proprio valore. Il primo passo consiste nel costruire una relazione sana e rispettosa con se stessi, una base che permetta di stabilire legami autentici con gli altri. Solo attraverso l'accettazione e la stima di sé, infatti, è possibile distinguere tra un amore autentico e una relazione patologica.

I demoni

Ormai, durante le nostre sedute, mi comportavo come un detective che cerca di far confessare l'imputato, un detective gentile e paziente che, tuttavia, non intendeva mollare la presa. Finalmente, un giorno, i miei sforzi furono ripagati. «Con lui non mi sento solo felice, mi sento me stessa» disse Anita durante una seduta. «Mi piace come sono quando siamo vicini.»

Erano affermazioni piuttosto significative. Non aveva detto che Diego la rendeva felice con la sua presenza o che aveva il potere di riempire un vuoto, ma che vicino a lui si sentiva *se stessa.* Aggiunse anche un altro dettaglio, quasi di sfuggita, come uno sfogo tra un lamento e un altro: «E poi, da quando lo conosco, i miei demoni hanno smesso di farmi visita».

I demoni di Anita erano in realtà mal di testa micidiali. Durante il primo ciclo dei nostri incontri, la colpivano regolarmente: potevano durare anche una settimana e non c'era modo di placarli.

I medici avevano concluso che si trattava di una cefalea a grappolo.

Il dolore la spingeva a isolarsi. «Quando dico che ho mal di testa posso allontanarmi senza troppe spiegazioni» mi spiegava nei nostri colloqui. «Non devo giustificare le mie assenze né lo strano umore che mi possiede.»

In quei momenti Anita cessava di essere Anita. Di solito era gentile, accogliente, capace di ascoltare, dedita ai bisogni degli altri e molto paziente; quando stava male, invece, non sopportava la presenza di nessuno. Non poteva certo essere un caso che quei mal di testa, che addirittura le provocavano una sorta di trasmutazione della personalità, fossero svaniti proprio ora. Era come se la comparsa di Diego l'avesse aiutata a risolvere qualcosa.

Per questo, durante le sedute, presi a insistere su questo argomento.

Ricordavo che l'intensità del dolore e gli effetti sulla personalità di Anita non erano gli unici aspetti rilevanti di quegli episodi di cefalea. C'era un altro elemento piuttosto singolare che li contraddistingueva: erano sempre preceduti da una strana euforia. Una specie di gioia, di felicità immotivata. Gli inneschi di queste sensazioni potevano essere vari: un odore, un articolo di giornale, una vicenda raccontata da un'amica, uno sguardo di un uomo (o di una donna). Lì per lì Anita provava euforia, ma dopo circa un'ora cominciava il dolore.

Non ero mai riuscito a capire in cosa consistesse quello stato euforico. Anita si imbarazzava nel parlarne e io non avevo mai tentato di forzarla. Mi ero limitato a dirle che avremmo affrontato l'argomento solo quando fosse stata pronta; sino ad allora, poteva rimanere il suo segreto.

Ma ora, a distanza di anni e dopo l'ennesima crisi con Diego, Anita era finalmente pronta ad aprirsi.

Non fu una seduta facile. Avevo l'impressione di trovarmi davanti un'altra persona.

«Nei momenti che precedono i miei attacchi di cefalea, quando provo euforia, mi ritrovo a fare strane fantasie. I miei pensieri si aprono a scenari che non posso controllare e che mi rapiscono.»

In sostanza Anita aveva delle fantasie erotiche. Da uno sguardo di uno sconosciuto, che le si posava addosso in maniera incauta e da cui lei rifuggiva, scaturivano scenari immaginari improbabili e assurdi. Anita fantasticava di essere accompagnata in un bagno pubblico e posseduta selvaggiamente, oppure di salire a bordo dell'auto di un turista e di partire con lui per un'avventura senza meta. Dopodiché, riemersa dai suoi sogni, avvertiva un forte senso di colpa e di vergogna, ed era allora che si scatenavano i mal di testa. Preda del suo dolore, provava rabbia verso se stessa e verso tutti. Proprio non riusciva a capacitarsi dei suoi pensieri e delle sue pulsioni; si sentiva minacciata da una parte di sé che non accettava e che non poteva controllare. I suoi sensi, dunque, le suggerivano una sorta di terapia: la spingevano a ricercare piacere sessuale autoprodotto come rimedio al dolore e a rifugiarsi nuovamente nelle fantasie erotiche.

Poi il dolore passava e Anita tornava in sé, dimenticando in fretta ciò che era successo. La sua vita rientrava nei binari consueti. Chiedeva scusa a tutti e tornava a essere la ragazza docile e accondiscendente di sempre. La calma ritrovata la illudeva di essere guarita.

Il drammaturgo Alejandro Jodorowsky ha detto che

«il corpo grida quel che la mente tace». Nulla di più vero. A volte il corpo suona l'allarme, segnalando che qualcosa nella nostra vita non funziona: quando accade, significa che il confine della sopportazione è stato oltrepassato. I mal di testa di Anita sono un esempio di come possono essere comunicati fisicamente i disagi della mente. Di rado mi sono imbattuto in sintomi più lampanti: Anita soffriva perché un lato della sua personalità non aveva modo di esprimersi, qualcosa che con l'arrivo di Diego aveva trovato uno sfogo.

Finalmente eravamo vicini alla risoluzione dell'enigma. Decisi di insistere.

«Prima di conoscere Diego, cosa ti mancava con Giacomo? Sentivi che non ti rendeva pienamente felice?»

«Apparentemente non mi mancava niente. Lui mi amava e mi aveva sempre amato. Era sensibile e generoso.»

«Ma c'erano dei segnali, anche piccoli, che ti suggerivano che qualcosa mancasse?»

«Era tutto... come dire... *normale*. Forse troppo normale. C'erano le classiche incomprensioni, ma niente di allarmante. La nostra vita andava avanti come sempre. Certo, a poco a poco era svanito il romanticismo dei primi tempi, i viaggi in moto, le cene a lume di candela, il buon vino. Ognuno era concentrato sulla propria carriera. Ma del resto, l'insegnamento e la pedagogia ci univano, e con il tempo sono diventati l'unica passione che avevamo in comune. Passavamo ore a rileggere insieme le bozze dei libri di Giacomo, eravamo complici. Non avevo consapevolezza che mi mancasse qualcosa...»

«E lui ricambiava il tuo aiuto?»

«Be'» rispose, incerta. «Giacomo era molto più impegnato. Io ero alle prime armi, mentre lui aveva già diverse pubblicazioni alle spalle. Mi sentivo quasi onorata del fatto che condividesse con me le sue idee, i suoi pensieri…»

«Ma non ti sei mai sentita trascurata?» la pungolai.

«No, questo mai. La nostra non è stata una storia travolgente, ma Giacomo c'è sempre stato.»

Lui era, in teoria, l'uomo perfetto: approvato dalla famiglia, rispettoso e innamorato. Anita mi raccontò anche che nella loro relazione il sesso non mancava, a tratti era persino piacevole. Lei, però, non lo cercava direttamente, non faceva mai la prima mossa, attendeva sempre l'iniziativa del compagno. La sfera sessuale era priva di intensità, ma non destava preoccupazioni.

Quando una storia scorre pacifica, quando non ci sono motivi evidenti di scontro o incompatibilità, è difficile accorgersi delle mancanze. Anita si era assestata in quella vita tranquilla, decorosa, prevedibile e sicura, convinta di non avere altri bisogni; poi era arrivato Diego, che come per magia aveva risvegliato in lei delle componenti represse.

Con Diego aveva sperimentato ciò che con Giacomo era sempre mancato: la gioia di lasciarsi andare, di esprimere liberamente la sua carica passionale e il suo istinto. Si era sentita per la prima volta protagonista, vista, apprezzata.

Nella nuova relazione, Anita si era innamorata di due persone: di Diego e di una nuova se stessa. Ciò che la spingeva verso di lui non era il desiderio di colmare un vuoto, come può accadere in un normale dipendenza affettiva. Diego era come uno specchio magico in cui riflettersi e scoprire un'immagine di sé fino ad allora sconosciuta. Ecco, dunque, che i mal di testa erano scomparsi e al loro posto si era manifestata la "magia" di cui parlava ripetutamente.

Ora ogni pezzo era al suo posto: Anita soffriva di una dipendenza, sì, ma non affettiva, o almeno non solo. L'incontro con Diego aveva svelato aspetti interiori sino a quel momento ignorati. La potenza di quella rivelazione, simile a una catarsi, l'aveva indotta a idealizzare la relazione con Diego. La sua, dunque, era una dipendenza catartica.

Il sogno

In un'altra seduta, Anita mi raccontò di un sogno. «Non lo facevo da molto tempo. È sempre lo stesso, o almeno finisce sempre allo stesso modo. Io insulto mia madre, la picchio, piango, urlo, mi dispero, le chiedo di giustificarsi, imploro una reazione. Lei invece rimane inerte, muta e sorda. Se ne sta lì, completamente indifferente, mentre io inveisco e la supplico perché parli e mi dica che non è vero.»

Nel sogno, la madre viene sorpresa a fare sesso con suo figlio, il fratello di Anita.

«Sono pazza, vero?» Era un sogno destabilizzante che per giorni le lasciava addosso una sensazione di disagio.

«No. Semplicemente ci sono parti di te che non hanno il permesso di esprimersi e a volte fuggono dal tuo controllo» le spiegai.

Il sogno evidenziava un problema nel rapporto di Anita con la madre, qualcosa che avevamo già indagato in passato. Per comprendere il significato di un sogno, o almeno avvicinarsi a una interpretazione plausibile, è necessario analizzare le emozioni che quel sogno ha provocato. Nel caso di Anita, si trattava di un intreccio di rabbia, impotenza e tristezza, sentimenti che riflettevano un'antica paura radicata nel suo inconscio: il timore che la madre le preferisse il fratello.

L'innesco del sogno era probabilmente legato al timore di aver deluso la madre: negli ultimi tempi Anita non era più la stessa, e la relazione con Diego aveva destato scalpore in famiglia. Era probabile che, a livello inconscio, Anita temesse di perdere definitivamente l'approvazione materna.

Chi era la madre di Anita? Lei me ne aveva parlato a lungo già durante il primo ciclo di sedute. Claudia, questo il suo nome, era una donna molto rigida e insoddisfatta, che non aveva mai avuto un buon rapporto con il proprio corpo. Si nascondeva in abiti sciatti e informi e manifestava disprezzo per le donne che invece vestivano in modo curato e seducente. Le sue giornate erano interamente dedicate alla casa e alla famiglia: si alzava alle sei per cominciare i lavori domestici, trascorreva ore rinchiusa in cucina, ma ciononostante aveva sempre da fare, come se i suoi doveri non avessero confini. Non si ritagliava mai del tempo per sé, e quando era costretta a uscire a cena con il marito o ad andare in vacanza, si adeguava con riluttanza e diventava ansiosa, riversando la sua angoscia sugli altri membri della famiglia.

In aggiunta a tutto ciò, era animata da una religiosità intransigente e imbevuta di cultura maschilista. Nella vita contavano solo le responsabilità, il senso del dovere, la famiglia e Dio: questo aveva insegnato ai figli. Tuttavia, nei confronti di Marco, il fratello di Anita, Claudia era sempre stata più indulgente. Lui, per esempio, poteva rientrare a qualsiasi orario e andare dove preferiva, mentre la sorella doveva rispettare limiti molto rigidi.

Anita non si lamentava della disparità di trattamento e accettava passivamente qualsiasi richiesta della madre. Questa docilità aveva a che fare con il ruolo del padre, Giuseppe, una figura assente e poco attenta. Il lavoro lo teneva lontano da casa per settimane, e al suo ritorno era sempre troppo stanco per dedicarsi alla famiglia; aveva bisogno di svagarsi, di andare al bar con gli amici. Claudia non osava protestare per le sue assenze: era convinta che Giuseppe, in quanto capofamiglia, avesse diritto ai suoi spazi.

Anita, dunque, non aveva punti di riferimento oltre la madre; non c'erano nemmeno i nonni, che vivevano in un'altra regione. Solo da Claudia poteva ricevere l'amore di cui ogni bambino ha bisogno. Un contesto familiare simile può dare vita a due reazioni: ci sono figli che in adolescenza diventano ribelli e rifiutano le convinzioni e i valori dei genitori; altri che, come Anita, fanno del loro meglio per aderire alle aspettative famigliari.

Claudia desiderava una figlia modello, che seguisse almeno in parte il suo ideale di vita. Anita, perciò, si alzava presto ogni mattina per aiutarla nelle faccende domestiche, studiava con rigore, vestiva in modo castigato, rifuggiva gli sguardi dei ragazzi, non si concedeva trasgressioni. Aveva dato il suo primo bacio solo a diciotto anni. La sua serenità dipendeva dallo stato d'animo della madre, che sapeva fare leva sui sensi di colpa di Anita. Claudia soffriva spesso di mal di schiena, un dolore che la costringeva a letto o sul divano: in quelle circostanze, scaricava la sua sofferenza sulla figlia, che spesso era costretta a rinunciare alle rare uscite con le amiche per starle accanto e darle sollievo con qualche massaggio. Anche quando, per qualche improbabile congiuntura, Anita si concedeva un pomeriggio di distrazione, con la mente tornava inevitabilmente a casa. Immaginava la madre sola e sofferente e si sentiva in colpa per non esserle rimasta vicina. In questo modo, il suo senso di inadeguatezza e la convinzione di essere una figlia egoista si rafforzavano. Tutti questi pensieri tossici, dai quali non riusciva a proteggersi, spingevano Anita a reprimere una parte importante di sé, a costruirsi una personalità compiacente: molto più attenta agli altri piuttosto che ai propri bisogni.

E ora Anita viveva un conflitto dilaniante: continuare a vivere la relazione con Diego, e quindi accogliere ed esprimere lati di sé fino a quel momento sopiti, oppure sacrificare questa nuova scoperta per ritrovare l'approvazione materna.

Lei, tuttavia, non sembrava in grado di prendere una decisione. Era come se non avesse più alcun controllo sulle sue emozioni.

L'attacco di panico

«Ho avuto un attacco di panico» mi annunciò qualche settimana dopo lo strano episodio del sogno. Era pallida, gli occhi segnati da due solchi profondi. «È successo durante un consiglio di classe. Quando ho preso la parola, è stato come se un interruttore si spegnesse dentro di me. Non ho potuto fare altro che lasciare l'aula. Riuscivo a malapena a reggermi in piedi.»

«Parlami dei giorni che hanno preceduto l'attacco. Come ti sentivi? Qualcosa ti turbava?» le chiesi, consapevole che, in certi momenti, la nostra energia vitale può esaurirsi senza preavviso.

«Con Diego le cose vanno sempre peggio» disse, abbassando lo sguardo. «Ci vediamo raramente e per poco tempo. Non parla più di riprendere la convivenza e i progetti di coppia sono scomparsi. Continuo ad avere la sensazione che abbia un'altra, e quando gli ho raccontato dell'attacco di panico non ha fatto nulla, come se non gli importasse.»

Anita stava vivendo un periodo di forti tensioni emotive. I suoi conflitti interiori avevano generato un magma di insicurezze che le avevano fatto smarrire la capacità decisionale.

«Mi hai spiegato ancora una volta che cosa non va nella tua relazione; quello che invece vorrei sapere è cosa ti spinge a restare. Perché non lasci Diego? Ecco il nocciolo della questione» commentai.

Di nuovo spuntò la parola "magia". Anita raccontò che, nelle ormai rarissime occasioni in cui stavano insieme, provava ancora emozioni intense, di quelle che fanno perdere la cognizione del tempo. Non era solo la passione a renderla felice, ma anche l'intimità dolce e scherzosa che li univa, una complicità che non risentiva dell'instabilità del loro rapporto. Diego, non potei fare a meno di pensare, era praticamente Houdini: spariva, ma la magia restava.

«È la sua pelle a fregarmi, ogni volta. Quando mi abbraccia tutto sembra tornare al suo posto, sento di essere me stessa. E poi c'è la sua attenzione: mi ascolta davvero. Mi chiede del lavoro, dei miei sogni, mi fa sentire importante.»

Nei momenti trascorsi con Diego, i bisogni profondi di Anita – quelli che aveva sempre sacrificato – trovavano appagamento: si sentiva ascoltata, importante, libera di esprimersi, anche sul piano sessuale, senza riserve o giudizi. La magia sembrava dipendere interamente dalla persona che aveva accanto.

Ecco cosa accade negli amori catartici: il partner, da cui ci sentiamo così irresistibilmente attratti, diventa una specie di amuleto, il custode della nostra nuova identità, una specie di guardiano senza il quale rischiamo di sprofondare di nuovo in una vita non autentica e priva di emozioni.

Ma quanto a lungo può trascinarsi una relazione simile senza avere conseguenze? Il corpo e la mente di Anita mostravano già chiari segnali di sofferenza. I sogni disturbanti e l'attacco di panico potevano essere il preludio di una crisi ancora più grave. Eppure, lei non trovava la determinazione per mettersi in salvo, ma anzi lasciava che la tempesta la investisse.

«Cosa dovrebbe accadere di così eclatante per convincerti a lasciarlo andare?» le chiesi un giorno. È una domanda di rito che rivolgo ai miei pazienti quando si ritrovano invischiati, loro malgrado, in una forma di dipendenza emotiva o catartica che li lega a persone sbagliate o perfino tossiche. E la risposta è fondamentale per iniziare a ritrovare se stessi. Anita, però, quel giorno non seppe rispondermi.

La verità è che affrancarsi da un amore catartico non è una semplice questione di volontà. Una dipendenza simile può nascere solo a seguito di un lungo processo interiore di rinnegamento, ossia di negazione o occultamento di parti profonde del sé, e per sradicarla occorre andare all'origine di quel processo. È un viaggio lungo e tortuoso che ci riguarda tutti, perché tutti, in misura maggiore o minore, abbiamo sacrificato qualche pezzo della nostra vera identità e in ognuno di noi c'è una voce sopita che aspetta solo di essere ascoltata.

Nella seconda parte cominceremo questo viaggio insieme.

PARTE SECONDA
IL TEATRO INTERIORE

Nota dell'autore

Per questa parte ho tratto spunto dal lavoro di diversi psicologi. Tra le varie teorie che hanno indagato la mente come una realtà multipla e non omogenea, meritano di essere ricordate la storica distinzione freudiana tra Io, Es e Super-io, il concetto junghiano di archetipo, il lavoro sulle "parti" nella Gestalt, e le "sub-personalità" di Assagioli nella Psicosintesi.

Il modello che meglio sintetizza questi lavori è, a mio avviso, quello sviluppato agli inizi degli anni Settanta dai coniugi psicologi Hal e Sidra Stone. È noto come Voice Dialogue (dialogo delle voci), e ha il pregio di essere divulgativo e quindi accessibile a un pubblico ampio. Proprio da questo modello ho tratto ispirazione per presentare i contenuti delle prossime pagine. Sebbene abbia introdotto delle variazioni che riflettono la mia esperienza lavorativa degli ultimi anni, il senso generale è pressoché in linea con la teoria proposta dai due psicologi.

Una moltitudine di Sé

«Chi pensa i nostri pensieri?» mi chiese un giorno un paziente di nome Federico nel bel mezzo di una seduta piuttosto faticosa, piena di pause e di silenzi.

Fui sul punto di rispondere con una battuta – «Non è stata una gran settimana, la tua, vero, Federico?» – ma all'ultimo rinunciai. Mi trattenni solo perché il paziente sembrava davvero turbato.

«Spiegati meglio» gli dissi.

«Non saprei… forse sono io… ma ho spesso pensieri contrastanti. Come se dentro di me ci fosse un'assemblea condominiale dove tutti sono in disaccordo. A volte non mi riconosco, non so più chi sono, cosa devo fare e cosa voglio. Rimango come bloccato.»

Non è una condizione rara. Tutti abbiamo sperimentato almeno una volta nella vita sentimenti ed emozioni discordi. Pensate al momento in cui un genitore si prepara a salutare un figlio che, divenuto adulto, è pronto a lasciare il nido. Da un lato quel genitore sarà sollevato che il figlio abbia trovato la propria strada, dall'altro inevitabilmente si avvicinerà al momento del distacco con timore e sofferenza. E se è probabile che alla fine arriverà a silenziare la voce interiore che non vorrebbe dire addio al figlio, è altrettanto plausibile che i suoi sentimenti contrastanti continueranno a tormentarlo.

A ben guardare il nostro carattere, la personalità che tendiamo a mostrare è il prodotto di tanti elementi diversi che, nell'insieme, ci rappresentano. Io, per esempio, so di essere pigro e facile alla distrazione, ma so anche di essere perfezionista, autocritico e riflessivo nel lavoro, e divertente e persino un po' artista nel privato. Sono anche consapevole che, se chiedessi a un amico di descrivere la mia personalità, la sua percezione non coinciderebbe del tutto con la mia. Potrebbe dipingermi come una persona espansiva, eccessivamente razionale, forse anche critica verso gli altri. Potremmo persino discutere animatamente a riguardo, ma chi avrà ragione? Chi ha la capacità di definirci meglio: noi stessi o gli altri? Non è una domanda facile, e la risposta, come spesso accade, si trova probabilmente a metà strada.

Il fatto è che a volte le persone riescono a cogliere aspetti di noi che ci sfuggono, che non conosciamo o che preferiamo ignorare, illudendoci che siano invisibili all'esterno. Sono lati della personalità nascosti o silenti, che possono risvegliarsi quando meno ce lo aspettiamo. E, come abbiamo visto, è proprio su queste componenti nascoste della personalità che si gioca la partita di un amore catartico. Quando lo sguardo di una persona riesce a penetrare attraverso la serratura delle nostre stanze interiori, non possiamo rimanere indifferenti. Incontri come questo mettono in crisi le nostre certezze, tra cui l'idea che la nostra mente sia governata da una personalità monolitica. Ci svelano che dentro di noi c'è un palcoscenico, e che personaggi diversi si contendono la luce dei riflettori.

In questo stesso momento, mentre scrivo, percepisco chiaramente queste voci in lotta per il ruolo di protagonista. La mia parte perfezionista vorrebbe trovare espressioni ancora più precise; quella critica mi sussurra che scrivo in modo troppo tecnico o banale; quella più artistica avrebbe preferito iniziare con una poesia; mentre quella istintiva vorrebbe fuggire al mare.

La consapevolezza di essere abitati da una pluralità di voci emerge anche quando qualcuno tenta di catalogarci sulla base di categorie rigide e limitanti. Quando ci dicono cose come:

«Voi maschi siete tutti uguali…»;

«Voi femmine siete tutte uguali…»;

«Voti a sinistra, sei comunista!»;

«Voti a destra, sei fascista!»;

«Pensi solo al lavoro, non ti importa di altro».

Sono affermazioni che ci provocano una sensazione di fastidio non soltanto perché risultano riduttive e svilenti: probabilmente ci starebbero strette anche se fossero lusinghiere. Se qualcuno, armato delle migliori intenzioni, mi dicesse che sono riflessivo e intelligente, forse lì per lì mi lascerei blandire (magari gli offrirei persino da bere), ma presto un altro pensiero si farebbe strada nella mia mente: "Questa persona non mi conosce davvero. Se solo sapesse…".

Ognuno di noi percepisce di essere qualcosa di più, o qualcosa di meno, di ciò che appare agli altri. E questo perché… è così che funzioniamo.

Ci sono molte caratteristiche che mi rappresentano e che non sempre emergono in superficie; pensieri, tentazioni, contraddizioni, comportamenti, paure e lacrime che, ancora oggi, cercano di assumere il controllo della mia coscienza. Queste forze, in passato, hanno preso il timone della mia vita costringendomi a sottostare alle loro regole. C'è stato un tempo in cui il mio lato artistico ha provato a convincermi ad abbandonare gli studi di Psicologia per iscrivermi al Conservatorio. In un'altra fase, i miei desideri sessuali mi hanno trasformato in una persona falsa, inducendomi a tradire legami importanti. In un altro periodo ancora, il mio incontentabile spirito critico mi ha persuaso a mettere da parte qualsiasi ambizione e ad accontentarmi di una vita mediocre (per fortuna l'ho rimesso al suo posto).

Ancora oggi, seppure in misura diversa, avverto queste voci dentro di me, anche se ho imparato a conviverci e, in parte, a integrarle. Dentro tutti noi vive una moltitudine di Sé, ognuno con caratteri, desideri e comportamenti differenti, tutti in attesa di essere riconosciuti. Questa moltitudine, nel suo complesso, rappresenta la nostra inimitabile unicità. Era di questo che parlava Federico quando si chiedeva quale fosse l'origine dei suoi pensieri.

In questa sezione, cercheremo di capire che cosa ci rende unici. Cosa ci distingue dalle altre persone? Come interagiscono i vari sé che ci abitano? Perché alcuni prevalgono e altri rimangono silenti? Esiste un arbitro interiore che decide chi ha ragione, oppure ha la meglio chi grida più forte? Per rispondere a queste e a molte altre domande ci addentreremo nei meandri della psiche umana.

Chi siamo veramente: i Sé Autentici

«Non nelle circostanze ambientali e neppure nel patrimonio genetico io riesco a rintracciare lo strumento esatto che mi ha modellato, l'anonimo rullo che ha impresso sulla mia esistenza quell'intricata filigrana il cui disegno irripetibile si rivela allorché la luce della lampada dell'arte viene fatta risplendere attraverso la carta formato protocollo della vita.»

Vladimir Nabokov descrive così la consapevolezza della sua unicità, che ha trovato espressione nell'arte e nella scrittura. Ma l'unicità di un individuo non deriva semplicemente da un particolare talento. A volte è una modalità di pensiero, altre una particolare sensibilità, altre ancora un'inquietudine. La nostra vera essenza si manifesta in sfumature sottili, nei nostri conflitti interiori, nelle passioni nascoste e nei sogni non rivelati. In una rete intricata e spesso indecifrabile di pensieri, emozioni e desideri.

Proprio l'indefinitezza della nostra identità profonda può portarci fuori strada. Può spingerci a vivere una vita che non ci appartiene, a fare scelte che non riflettono la nostra essenza e a convincerci, in sostanza, di essere persone che in realtà non siamo, una condizione che rende facili prede degli amori catartici. Ecco perché, nel percorso di crescita personale che ognuno porta avanti, dovremmo cercare prima di tutto di arrivare al nucleo della nostra identità. Solo comprendendo e integrando le diverse parti che ci abitano eviteremo di cercare ossessivamente negli altri ciò che a noi sfugge.

Cominciamo, allora, a conoscere queste voci nascoste. La psicologia ne ha individuate sette fondamentali, le componenti più pure e genuine della nostra personalità, i Sé Autentici. Questi Sé sono come strumenti musicali: alcuni risuonano con maggiore intensità, altri hanno un suono più tenue; nel loro insieme, comunque, compongono la sinfonia che esprime la nostra essenza. Vediamoli:

- il Sé Amore incarna il nostro bisogno primario di sicurezza e protezione. È la parte di noi che cerca connessioni profonde, che desidera costruire legami solidi e duraturi, che vuole dare e ricevere amore;
- il Sé Giocoso rappresenta il nostro lato leggero e spensierato. È la voce che ci invita a ridere, a scherzare e a vedere il lato paradossale della vita;
- il Sé Avventuriero è il nostro desiderio di esplorare, di scoprire nuovi orizzonti, di sfuggire alla monotonia della routine quotidiana. È la brama di viaggi, l'ignoto, l'emozione del rischio;
- il Sé Magico ci spinge verso l'arte, la poesia, la bellezza simbolica e figurativa. Ci connette con il mistero della vita, con l'immaginazione, con tutto ciò che trascende la realtà immediata;

- il Sé Spirituale rappresenta la nostra sete di comprensione, il bisogno di riflettere sui grandi interrogativi dell'esistenza, di trovare un senso più profondo nelle cose;
- il Sé Guerriero è la nostra parte competitiva, quella che vuole vincere, che si batte per difendere i nostri confini e la nostra dignità, che ci spinge a lottare per ciò in cui crediamo e a non arretrare di fronte alle sfide;
- infine, il Sé Sessuale coincide con il nostro lato passionale, la forza primordiale che ci sprona a ricercare un'intimità e una risonanza profonde e viscerali con alcune persone.

Presi singolarmente, questi Sé rappresentano solo frammenti di ciò che siamo, ma è nel loro intreccio e nella loro sinergia che si compone la nostra identità, quella filigrana intricata e inimitabile di cui parlava Nabokov, che è visibile solo quando la luce della consapevolezza illumina la nostra vita.

Le voci dei Sé rimangono spesso silenti e vengono sovrastate da altre più potenti, eppure sono presenti in noi fin dalla nascita. Non a caso, proprio nei bambini – che sono liberi da condizionamenti e da meccanismi di repressione – possiamo apprezzare appieno il loro potenziale. Pensiamo ai neonati: la loro personalità non è ancora completamente sviluppata, tuttavia mostrano già spiccate caratteristiche comportamentali. Alcuni sono più calmi e tranquilli, altri manifestano un'indole più irrequieta o esigente. Con il passare dei mesi e degli anni, ogni bambino esprime in modo spontaneo delle inclinazioni: alcuni hanno una passione sfrenata per i dinosauri, altri amano il modellismo, altri ancora prediligono il disegno, la musica o la scrittura. Ci sono bambini interessati alla meccanica e agli ingranaggi, altri sono più incuriositi dal mondo naturale. Queste inclinazioni sono nientemeno che la manifestazione dei Sé Autentici.

Consideriamo, per esempio, il Sé Amore: è una componente vitale per i bambini, che sono vulnerabili e dipendendo dalle cure e dalle attenzioni dei genitori. Forse è per questo che la natura li ha dotati di una dolcezza disarmante, per sollecitare l'istinto di protezione degli adulti. Come vedremo, la relazione con i genitori, la prima forma di amore, ha un impatto decisivo sulla costruzione dell'identità.

Anche il Sé Giocoso è preponderante per i bambini: il gioco e la risata, infatti, non sono solo piaceri, ma esigenze primarie. Non a caso, i bambini ridono molto più spesso degli adulti. Questi ultimi, tuttavia, sono attratti dalla loro risata, e spesso cercano di provocarla con smorfie e facce buffe, e questo non è altro che un segno della potenza di questo Sé. La risata è una forza vitale che alimenta la leggerezza e la spontaneità, elementi essenziali per mantenere l'equilibrio psichico.

I bambini, poi, sono curiosi per natura, spinti da un impulso che li porta a uscire dalla zona di protezione e ad avventurarsi in territori sconosciuti. Questo istinto è determinato dal Sé Avventuriero, che spesso è causa di preoccupazioni per i genitori.

E che dire della componente magica che affascina ogni bambino? I piccoli amano le favole e i cartoni animati. Spalancano gli occhi, pieni di meraviglia, quando ascoltano una storia. Amano i giochi di finzione. Nel loro mondo, la linea tra realtà e fantasia è sottile, e proprio in questo spazio la magia trova terreno fertile. Il Sé Magico alimenta la loro immaginazione e li collega al mondo del simbolico e del fantastico.

Il Sé Guerriero si manifesta nel desiderio di vincere ogni gara, nell'attaccamento con cui i bambini difendono i loro giocattoli e in generale il territorio, nel modo in cui si ribellano alle imposizioni. In età adulta, il Sé Guerriero li guiderà nell'affermazione della propria identità e nel confronto con il mondo esterno.

Anche il Sé Spirituale fa capolino nell'infanzia, manifestandosi attraverso un'infinità di domande impazienti. I bambini sono sensibili alla bellezza e alla maestosità della natura, e a tutto ciò che suscita mistero; sono attratti dalla pioggia, dai fulmini, dagli arcobaleni. Il Sé Spirituale li spinge a cercare un significato nel mondo che li circonda e a connettersi con il senso profondo della vita.

L'unico aspetto della nostra natura che è solo accennato nell'infanzia è la sessualità, la quale si manifesta con intensità progressiva negli anni a venire. Tuttavia, anche nei primi periodi di vita, si possono rintracciare i germogli del Sé Sessuale, per esempio nell'esplorazione innocente del corpo e delle sue sensazioni.

Abbiamo visto che con il passare degli anni le componenti fondamentali della nostra identità vengono seppellite da strati di condizionamenti e meccanismi di repressione, ma sono pronte a riemergere quando uno stimolo adeguato le chiama a raccolta. Queste voci sono ciò che rimane di più autentico e genuino in noi e, una volta libere, ci collegano alla nostra natura più vera e spontanea.

Io definisco la combinazione di questi Sé la nostra personale "follia", ossia la nostra natura irrazionale, ingenua e istintiva. È la forza interiore che ci spinge a ridere senza motivo, a guardare al mondo con curiosità, ad affrontare la vita con la leggerezza.

Durante le sedute con i miei pazienti, quando voglio sondare lo stato di salute dei Sé Autentici, utilizzo qualche domanda strategica.

«Quando è stata l'ultima volta che hai riso senza riuscire a smettere?»

«Quando è stata l'ultima volta che hai fatto qualcosa per la prima volta?»

«Cosa provi quando pianifichi un viaggio?»

«Cosa ami di una vacanza: la tranquillità o l'avventura?»

«Quando è stata l'ultima volta che hai pianto di gioia?»

«Quali film ti hanno emozionato di più e perché?»

«Ti capita di immergerti nei tuoi pensieri e di cogliere il senso delle cose?»

«Ti capita di riflettere osservando la bellezza e l'immensità della natura?»

«Che rapporto hai con la competizione?»

«Che rapporto hai con la rabbia?»

«Quanto è importante la passione nella tua vita?»

«Ti è mai capitato di piangere mentre o dopo aver fatto l'amore?»

A volte mi basta osservare il volto dei pazienti, mentre cercano di rispondere, per avere qualche indizio preliminare. Alcuni si illuminano e si prodigano in lunghe risposte; altri, invece, sembrano distanti, come se cercassero le parole giuste ma fossero scollegati dalle loro emozioni. Altri ancora si commuovono, piangono perfino nel prendere coscienza che alcuni pezzi fondamentali della loro identità tacciono da troppo tempo.

Talvolta i Sé Autentici vengono vissuti in modo intimo e riservato, come per proteggerli dal giudizio altrui. Molte persone, per esempio, vivono la spiritualità come un dialogo silenzioso e personale, altre rifuggono dalla passione se non in rare occasioni, temendo di rivelare troppo di sé. Questo senso di protezione nasce dalla consapevolezza che proprio in queste componenti risiede la parte più delicata e autentica del nostro essere, una parte che, se esposta in modo inappropriato, potrebbe essere fraintesa, svilita o persino ferita.

Ho un caro amico – lo chiamerò Marco – noto per il suo approccio razionale alla vita. Se qualcuno della nostra cerchia di amici ha bisogno di un consiglio lucido e concreto, si rivolge quasi sempre a lui, certo di trovare una risposta. Perfino in amore, Marco mantiene sempre una lucidità imperturbabile. «Parlami dei sentimenti che provi per tua moglie» gli ho chiesto un giorno, quando lo psicologo che è in me non è riuscito a trattenersi.

«Mia moglie è socievole come me...» ha esordito Marco. «Ed è creativa e un po' caotica, ma in questo ci compensiamo perché io sono razionale e organizzatissimo. Inoltre tiene molto alla famiglia...»

Ha proseguito così, elencando una serie di caratteristiche che facevano di sua moglie una compagna perfettamente adeguata. Nelle sue parole non c'era traccia di emotività. Eppure posso assicurarvi che Marco era – ed è tuttora – molto innamorato della moglie, solo che i suoi sentimenti sono come filtrati da una logica ferrea che non concede sentimentalismi.

La "follia" personale di Marco emerge in un altro ambito. Quando parla della sua collezione di modellini di auto vintage, il suo volto si illumina e la voce si riempie di entusiasmo e meraviglia. Allora è come se Marco tornasse bambino. È capace di chiamarmi alle sette di mattina, quando io riesco a malapena a biascicare qualche parola, per annunciarmi tutto soddisfatto: «Ho trovato una rarità, un Maggiolino degli anni Sessanta. Ho speso un capitale... Vedessi che gioiellino...». In quelle circostanze, la logica di controllo si fa da parte per lasciare spazio a un istinto innato.

Quando non possono manifestarsi apertamente nella vita quotidiana, capita che i Sé Autentici trovino rifugio in passioni o fissazioni. Ho conosciuto un'insegnante molto timida e abitudinaria, con una vita sociale scarna, che una volta al mese si lanciava nel vuoto con il paracadute, e un ex avvocato di successo, amante della mondanità, che ogni anno si rinchiudeva per un mese in una piccola comune indiana per dedicarsi alla meditazione. In entrambi i casi, queste passioni apparentemente scollegate dalla loro vita normale rappresentavano canali sicuri che mettevano entrambi al riparo da giudizi esterni.

Talvolta i Sé Autentici continuano a pulsare vivaci sotto la superficie delle nostre vite ordinarie, incuranti delle aspettative sociali e delle maschere che indossiamo per conformarci, e trovano forme ancora più singolari ed estemporanee per esprimersi.

Una volta una paziente mi ha raccontato: «Quelle rare volte in cui rivedo Gemma, la mia amica d'infanzia, mi sembra di regredire alla fase adolescenziale. Ridiamo come due cretine ricordando il passato. L'ultima volta, camminando per strada, abbiamo suonato al citofono di un palazzo e poi siamo scappate, come facevamo da ragazze!».

«Se insieme vi divertite così tanto, perché non vi incontrate più spesso?» le ho chiesto io, intuendo che quelle bravate non erano altro che un chiaro segnale dei Sé Autentici che reclamavano a gran voce il loro spazio.

«Perché entrambe abbiamo poco tempo. I figli, il lavoro, tutti gli altri impegni...»

La verità è che, tra le priorità della vita, quelle legate alla nostra autenticità finiscono spesso in fondo alla lista. Le responsabilità, le preoccupazioni quotidiane, la genitorialità, il senso del dovere e la tendenza ad assecondare le aspettative altrui finiscono per oscurare i nostri Sé Autentici.

Eppure sono proprio loro che ci permettono di costruire le relazioni più intime e profonde. Con i veri amici non abbiamo bisogno di indossare maschere, non ci preoccupiamo di cosa dire o di come dirlo, non ci sforziamo di fare bella figura. *Siamo* semplicemente, in un modo così spontaneo che le altre persone, se ci vedessero, non ci riconoscerebbero.

A volte, questa spontaneità così libera e priva di filtri riesce a manifestarsi anche in amore.

«Ti passo a prendere tra dieci minuti.»

«Dove andiamo?»

«Che importanza ha? Intanto partiamo, poi decidiamo. Ho voglia di parlare con te mentre ascoltiamo la musica.»

Quando si vive una reciproca autenticità non ci sono silenzi da gestire né pensieri da filtrare; c'è solo *essere*, nel senso più puro e naturale del termine.

Ci ho messo un po' a comprendere:
non volevi essere abbracciata
per paura di essere capita.

Che essere capiti
è la cosa più preziosa al mondo
ma significa
buttare giù le difese
arrendersi
consegnarsi.
Significa non potersi più difendere
per un istante
non riuscire più a mentire.
E la gente non sempre lo sa
non sempre lo capisce
cosa significa abbracciarsi
dirsi tutto senza parlare.
Perdersi.
In quella terra di nessuno
da qualche parte nel cuore.

Andrew Faber

La perdita dell'innocenza: i Sé Rinnegati

Si può scoprire il proprio mistero
solo al prezzo della propria innocenza.

Robertson Davies

Mentre leggevi dei sette Sé Autentici, è probabile che tu abbia avvertito una certa risonanza con alcuni di essi, ed è altrettanto probabile che altri ti siano risultati meno affini o addirittura estranei. Forse, come l'avvocato hippy o l'insegnante paracadutista, hai trovato una via di fuga, una passione o un hobby dove i Sé Autentici possono esprimersi liberamente. Oppure hai avuto in dono un equilibrio perfetto in cui ciascuna di queste voci trova lo spazio che merita, senza prendere il sopravvento.

Per la maggior parte delle persone, tuttavia, quell'equilibrio è una conquista faticosa. Come abbiamo visto, i sette Sé albergano in tutti noi sin dalla nascita, ma a un certo punto accade qualcosa e si perdono. Qual è la ragione di questa perdita? Quando si inceppa il meccanismo?

Dipende quasi sempre dal Sé Amore, ossia dal nostro bisogno di protezione, tenerezza e affetto. Quando il Sé Amore si sente riconosciuto e accettato incondizionatamente, allora fiorisce, permettendo agli altri Sé di svilupparsi in modo armonioso. Al contrario, se viene ferito può far emergere un senso di vuoto che si ripercuote sugli altri aspetti della personalità.

Purtroppo per noi, il Sé Amore può essere ferito in molti modi. È lo strumento principale della nostra melodia interiore, ma è anche il più delicato. Può sentirsi abbandonato, rifiutato, trattato ingiustamente, tradito o persino umiliato. Solitamente le ferite più gravi, quelle che impiegano tanto tempo a rimarginarsi, ci vengono inflitte nei primi anni di vita. Già allora, i bambini sono in grado di capire quali comportamenti suscitano apprezzamento e quali, invece, disapprovazione. A volte basta uno sguardo severo, un'alzata di sopracciglia o un silenzio prolungato perché si rendano conto di aver sbagliato. Altre volte, i metodi educativi più diretti e severi possono innescare meccanismi di repressione.

È ciò che è accaduto a Chiara, una paziente che ho seguito per qualche tempo. Fin da bambina aveva manifestato un grande talento per il disegno e la pittura, talento che aveva messo in allarme la sua famiglia. I suoi genitori, infatti, consideravano l'arte, in qualsiasi sua forma, alla stregua di un capriccio, un vezzo. «Con l'arte non si mangia…» le ripetevano. «Pensa a studiare, e quando verrà il momento trovati un lavoro serio!» Erano così perentori che, crescendo, Chiara aveva maturato la convinzione che la sua inclinazione per l'arte fosse qualcosa di sbagliato o di strano, e che l'unico modo per non perdere la stima e l'affetto dei genitori fosse piegarsi ai loro desideri.

Quando era arrivato il momento di scegliere la scuola superiore, si era orientata su un istituto a indirizzo commerciale, e dopo il diploma aveva diligentemente trovato un impiego in uno studio di commercialisti.

La sua vita sembrava seguire un copione già scritto, ma proprio allora il Sé Magico di Chiara, così a lungo represso, tornò a far sentire prepotente la propria voce. Chiara riprese a dipingere, partecipò a qualche mostra e vinse perfino un concorso, e un'importante galleria acquistò i suoi quadri. Per la prima volta trovò il coraggio di ribellarsi alle pressioni della famiglia e lasciò il posto fisso per fare la pittrice a tempo pieno e seguire il suo Sé Magico.

Finalmente sembrava aver trovato un equilibrio, ma la vita aveva in serbo qualche altra sorpresa per lei. Conobbe Marzio, un avvocato di successo colto e brillante, intelligente e premuroso, e se ne innamorò perdutamente. La relazione prese subito la forma di una convivenza. Marzio, il classico buon partito che ogni genitore desidererebbe per la propria figlia, ebbe il merito di far riavvicinare Chiara alla famiglia.

Tuttavia, non era il ragazzo perfetto che tutti credevano. Presto emerse il suo lato oscuro: una gelosia possessiva. Non sopportava che Chiara fosse indipendente e apprezzata per il suo lavoro, che la sua presenza fosse richiesta a decine di eventi mondani.

Nonostante i tentativi di Chiara di rassicurarlo, Marzio cominciò a criticare apertamente il suo lavoro e a svilire il suo talento. Questo atteggiamento critico fece breccia nell'insicurezza della ragazza. Il senso di inadeguatezza che l'aveva accompagnata nell'infanzia e nell'adolescenza riemerse. Ma, soprattutto, riemerse la paura di non essere amata, e così Chiara decise di sacrificarsi di nuovo: abbandonò la carriera artistica e accettò un impiego nello studio del compagno, e con il tempo perse anche la voglia di dipingere.

La storia di Chiara è un caso da manuale. Per conformarsi alle aspettative dei genitori, aveva imparato sin dall'infanzia a rinnegare l'amore per il disegno. È una reazione molto comune: l'affetto, l'attenzione e l'approvazione dei genitori sono vitali per i bambini, che sono disposti a qualsiasi adattamento, anche a reprimere la loro autenticità, pur di garantirseli. Tali adattamenti, però, lasciano un segno profondo nella psiche. Assumono la forma di emozioni spiacevoli e ingombranti che da piccoli non si riescono a comprendere pienamente, e con il tempo possono trasformarsi in convinzioni radicate. Questi vissuti si cristallizzano in "verità" scomode e silenziose che continuano a operare in sottofondo per tutta la vita.

Ecco alcuni esempi di convinzioni maturate nell'infanzia che possono condizionare un'intera esistenza:

- non sentirsi abbastanza;
- sentirsi inadeguati;
- sentirsi non meritevoli di essere trattati bene;
- sentirsi colpevoli e quindi in dovere di espiare;
- sentirsi persone facilmente dimenticabili.

In risposta a queste sensazioni dolorose, si sviluppa una sorta di "precauzione di sicurezza". Si tratta di meccanismi di adattamento o soluzioni compensative. Chiara, per esempio, si era convinta di essere "strana", inadeguata, perché non aveva la stessa indole razionale e pragmatica del padre ed era attratta da passioni che i suoi genitori giudicavano frivole e inconcludenti. «Roba da eccentrici, da gente che ha la testa sulla luna»: questo le avevano ripetuto all'infinito.

Come lei, molte persone si portano dentro una sensazione di inadeguatezza: sono convinte di non essere abbastanza, di non meritare amore e rispetto e, guidate da queste convinzioni, compiono scelte in contrasto con la propria naturale inclinazione. Alcune diventano lavoratori instancabili, per mostrarsi all'altezza del padre; altri perfezionisti, in risposta alle critiche continue che hanno ricevuto dalla madre. Qualcuno adotterà un atteggiamento compiacente, convinto che solo così potrà ottenere l'amicizia delle persone; qualcun altro, per lo stesso motivo, farà di tutto per rendersi indispensabile. Il meccanismo è sempre lo stesso. In misura maggiore o minore, quasi tutti adottiamo soluzioni compensative basate su convinzioni errate che abbiamo maturato in modo inconsapevole.

Prova a pensarci. Ti capita spesso che la gente ti rivolga frasi come: «Sei troppo buona!», «Che stakanovista!», «Non sai dire di no!»? Sei il tipo di persona che non si arrabbia mai, che tenta costantemente di trovare un compromesso, che cerca di far star bene gli altri prima di pensare a sé? Sono comportamenti comunemente considerati virtuosi, qualità che contraddistinguono le persone corrette e "buone", ma hai mai pensato che forse dietro quei comportamenti si nasconda un senso di insicurezza, una paura profonda, un vuoto da colmare?

Non è facile prendere consapevolezza di certe dinamiche. È più semplice mettere a tacere simili paure e vuoti. E così comportamenti che forse, un tempo, ci avevano assicurato dei vantaggi, si trasformano in un abito che non possiamo più togliere, un tessuto che ormai consideriamo una seconda pelle. Questo abito, che un tempo ci dava sicurezza e protezione, finisce per diventare una prigione invisibile. Ci condiziona e ci blocca, impedendoci di esprimere liberamente i nostri Sé Autentici. È come se avessimo scambiato la nostra vera essenza per un ruolo da recitare, dimenticando che sotto quell'apparente perfezione esistono parti di noi che fremono per tornare alla luce, desiderose di vivere senza costrizioni.

Ma se alcuni compromessi sono accettabili e non impediscono di mantenere la rotta, il rinnegamento di un Sé Autentico non è mai un fatto privo di conseguenze. Significa lasciarsi andare a una stagnazione emozionale, una specie di morte lenta della vitalità interiore.

Per non parlare dello sforzo necessario per contenere l'energia a cui non è più permesso di trovare sfogo. Più tentiamo di contenerla, più diventa difficile vivere in modo sereno.

Non a caso, Chiara non aveva retto: quando aveva cominciato a lavorare come contabile a tempo pieno, si era sentita soffocare, e all'improvviso non era più stata capace di trattenersi. Aveva rimesso in discussione il lavoro e la relazione con i genitori, e riaffermato con decisione la propria identità. E proprio quando aveva ripreso il controllo della sua vita, aveva incontrato Marzio. Chiara aveva conosciuto l'amore, ma si era trovata di nuovo a dover scegliere: o quello o l'arte. E, un'altra volta, aveva preferito sacrificare una parte di sé.

Nemmeno questo sacrificio, tuttavia, è bastato. Con il tempo, la tristezza e il malessere interiore di Chiara divennero insostenibili. All'interno della coppia crescevano tensioni e incomprensioni, finché Marzio non si stancò e la lasciò. Sembra un epilogo beffardo, oltre che crudele, ma se ci pensi è anche perfettamente logico e prevedibile:

reprimendo il Sé Magico, Chiara aveva perso gran parte della sua energia vitale, e Marzio di conseguenza non provava più interesse per lei.

Una persona che rinnega la propria autenticità diventa vulnerabile al punto di perdere non solo se stessa, ma anche l'amore che sperava di salvaguardare. E questa è solo una delle possibili conseguenze che dovrà pagare chi si riduce a sacrificare un pezzo tanto importante della propria identità. Comunque vada, il prezzo sarà sempre altissimo.

RINNEGAMENTO DEL SÉ E AUTENTICITÀ NELLE RELAZIONI

Se una persona non accetta ciò che siamo nella nostra essenza più naturale, non può esserci un amore sincero e disinteressato. L'amore vero non cerca di modellare l'altro secondo le proprie esigenze o convinzioni; piuttosto, lo accoglie e lo sostiene nella sua interezza, con tutte le sue sfumature e peculiarità.

Tale verità può apparire ovvia, una semplice constatazione di buon senso, eppure tutti, almeno una volta, ci siamo persi per non perdere un amore. L'unico antidoto a questa condizione è maturare la consapevolezza di chi siamo nel profondo, invece di lasciarci guidare ciecamente dalle persone che incontriamo lungo il cammino. Solo così potremo scegliere con lucidità chi vogliamo al nostro fianco e rispondere con fermezza a certe imposizioni ingiuste. È nella capacità di affermare noi stessi, di proteggere e onorare ciò che siamo, che si trova la chiave per vivere relazioni autentiche, in cui l'amore non soffoca ma alimenta la nostra crescita.

Chi fingiamo di essere: i Sé Guardiani, i Sé Confrontatori e il Sé Compiacente

Se il percorso per ritrovare la nostra essenza profonda è così periglioso, è perché sono innumerevoli le maschere che siamo disposti a indossare pur di garantirci l'amore e l'accettazione che tanto desideriamo, e avvicinarci così all'idea che gli altri hanno di noi.

Nelle prossime pagine ci occuperemo di queste maschere, in modo che sia più facile riconoscerle e farci i conti. Come per i Sé Autentici, daremo loro un nome, ne descriveremo la funzione e le catalogheremo. Tanto per cominciare, è importante sapere che esistono tre categorie: i Sé Guardiani, i Sé Confrontatori e il Sé Compiacente. Sono costellazioni interiori che si formano con il tempo e che, pur non essendo autentiche, diventano la nostra nuova identità. Come sappiamo, sono anche strutture fragili, che possono crollare al primo segnale di crisi o al primo cambiamento.

I Sé Guardiani

Hanno il compito di proteggere la nostra identità mantenendoci in linea con ciò che la famiglia, la cerchia di conoscenze e la società considerano accettabile e desiderabile. Le principali manifestazioni di questi Sé sono tre:

- il Sé Attivista;
- il Sé Perfezionista;
- il Sé Potere.

Il Sé Attivista è la voce che ci spinge a riempire le nostre giornate di attività utili e produttive e che ci fa sentire in colpa se ci concediamo una pausa. È l'urgenza di fare, continuamente, per sentirci adeguati e a posto con la coscienza. Lo riconosci perché ti ripete spesso frasi come:

«Mi manca il tempo»;
«È meglio che mi dia una mossa»;
«Mi sto distraendo, devo tornare al lavoro»;
«Non si finisce mai, c'è sempre qualcosa da fare»;
«Sono indietro su tutto».

Quando il Sé Attivista prende la parola, avvertiamo sensazioni di fretta, ansia, colpa, preoccupazione e talvolta paura. È un'identità che trova un grande consenso nella società capitalista, dove la produttività è elevata a virtù suprema. Se incontrastato, il Sé Attivista può privarci della possibilità di goderci il presente, di rilassarci o di esplorare parti di noi legate all'essere piuttosto che al fare.

Il Sé Perfezionista impone un controllo costante su ciò che facciamo. È la parte di noi che non si accontenta mai, che ricerca un'eccellenza maniacale, anche a costo di autosabotarsi. Si manifesta con pensieri del tipo:

«Posso fare di meglio»;

«Se non è perfetto, meglio non farlo affatto»;

«Manca qualcosa».

Il Sé Perfezionista alimenta l'autocritica, genera ansia da prestazione, soffoca la spontaneità e tiene in scacco il Sé Giocoso, il Sé Magico e tutte le altre parti della nostra identità che hanno bisogno di esprimersi liberamente, senza limiti rigidi e imposizioni severe.

Il Sé Potere è ciò che ci spinge a dominare le situazioni, a desiderare di essere riconoscibili nella società, a coltivare l'ambizione.

«Devi essere forte.»

«Devi diventare qualcuno.»

«Non devi dipendere da nessuno.»

Sono queste le frasi tipiche con cui si esprime un Sé che trova una forte cassa di risonanza in una società come la nostra, che premia la forza e la determinazione e idolatra i vincitori.

I Sé Guardiani hanno un grande nemico: il riposo, inteso come tempo dedicato alla contemplazione, all'ozio e alle divagazioni mentali. Il semplice "non fare nulla" è percepito come uno spreco, un tradimento dell'efficienza e della produttività, una minaccia.

Ho un amico, che chiamerò Nicola, la cui personalità è dominata dai Sé Guardiani, in particolare da una combinazione del Sé Attivista e del Sé Potere. Tempo fa, eravamo in vacanza su un'isola greca e una sera, di ritorno dalla spiaggia, gli proposi di fermarci a cenare in una locanda semplice e casalinga che si trovava sulla strada per l'albergo. Nicola non era entusiasta all'idea di presentarsi in un locale con le infradito e gli abiti da spiaggia. Inoltre, da amante della cucina ricercata e delle cose belle – una manifestazione del suo Sé Magico –, avrebbe preferito cenare in un locale più elegante. Convincerlo non fu facile, ma sapevo quali corde toccare.

«Non vuoi rendere felice un amico, ne prendo atto…»

«Sei un idiota. Andiamo.»

Una volta giunti nella locanda, ci siamo accomodati a un tavolo e abbiamo ordinato.

Davanti a noi c'era un ragazzo dai capelli rasta e gli abiti hindi che sbirciava il menu senza particolare interesse, mentre sorseggiava lentamente una birra.

«Quel tizio mi dà sui nervi» ha mormorato Nicola.

«Per i capelli rasta?» ho tirato a indovinare.

«Macché.»

«Allora per come è vestito?»

Nicola ha scosso il capo. «Sta lì a bere come se avesse tutto il tempo del mondo: ma buttala giù quella cavolo di birra! E poi non si decide a ordinare. È la terza volta che il cameriere gli lancia occhiate per capire se è pronto.»

«Ma a te che male fa, scusa?» gli ho chiesto.

«Non sopporto la gente che si comporta così. Sprecano tempo e ne fanno perdere agli altri.»

Nicola è il classico imprenditore che ha sempre milioni di cose da fare. Quando giochiamo a padel, appena facciamo una pausa lo trovo sempre con il naso incollato al cellulare, a rispondere a e-mail e a imprecare per qualche imprevisto. Spesso annulla i nostri appuntamenti all'ultimo minuto, sempre per questioni urgenti e "improcrastinabili". E quando si giustifica, le sue parole tradiscono sempre una sfumatura di orgoglio, una sorta di autocompiacimento derivante dal fatto di sentirsi indispensabile.

Nicola è uno dei miei migliori amici: ammiro in lui la determinazione e il senso del dovere, la capacità di svegliarsi alle sei del mattino ogni giorno senza mai perdere un colpo, tutte qualità che spesso sento mancare in me stesso. Tuttavia, ciò che più amo di lui è il lato giocoso che emerge quando scherziamo. Ridiamo delle stesse cose e in quei momenti ha una risata spontanea e genuina, simile a quella di un bambino. D'altra parte, credo che Nicola apprezzi di me la capacità di pensare in modo astratto, il mio interesse per la psicologia, la poesia e la letteratura.

Siamo diversi ma complementari: lui si identifica nei Sé Guardiani, mentre io mi ritrovo più vicino a quei Sé che lui tende a reprimere. Accetta il mio modo di essere perché mi rispetta, ma dentro di lui rimane comunque un certo fastidio per chi prende la vita con troppa leggerezza.

Quella sera, a cena, abbiamo chiacchierato a lungo mangiando e bevendo con gusto. Nicola era perfettamente a suo agio, nonostante le infradito e la sabbia nel costume; tuttavia, prima di lasciare la locanda, non ha potuto fare a meno di rivolgere un ultimo sguardo di riprovazione al ragazzo con i capelli rasta che stava ancora consultando, con estrema calma, il menu dei dolci. «Forse ha intenzione di chiudere lui il locale» ha commentato. Quel ragazzo rappresentava tutto ciò che i suoi Sé Guardiani non possono accettare: l'indifferenza verso lo scorrere del tempo.

Sia chiaro, questi Sé svolgono una funzione molto importante nella nostra vita: non potremmo realizzare niente di concreto senza il supporto di queste fondamentali energie; sono loro a fornirci la disciplina, la perseveranza e il senso di responsabilità necessari a raggiungere gli obiettivi che contano.

Tuttavia, se l'identificazione con i Sé Guardiani è troppo forte, rischiamo di reprimere parti di noi che, per natura, non possono restare in silenzio troppo a lungo. I Sé Rinnegati tendono a rialzare la testa, a ribellarsi. E lo sforzo costante di tenerli a bada richiede un dispendio di energie che può avere ricadute anche sul benessere psicofisico.

LA STORIA DI ELEONORA: IL RINNEGAMENTO DEL SÉ POTERE

Alcune persone sembrano comportarsi in maniera paradossale: hanno talenti straordinari, energia da vendere e tutte le carte in regola per arrivare lontano, ma poi, proprio sul più bello, si bloccano. È come se qualcosa, al loro interno, tirasse il freno a mano. Queste apparenti contraddizioni trovano una spiegazione nel complesso gioco del teatro interiore. In alcuni casi, ci sono Sé dominanti che prendono il controllo della scena lasciando altre parti nell'ombra. Ciò può dare luogo a comportamenti imprevedibili e irrazionali.

Eleonora aveva due Sé Autentici particolarmente forti: il Sé Magico e il Sé Spirituale. Questa combinazione descrive una personalità riflessiva e introspettiva, con una particolare sensibilità e una propensione all'arte, all'estetica o a qualsiasi attività che richieda l'uso della fantasia e della creatività. Eppure, qualcosa dentro di lei sembrava imbrigliarla e impedirle di esprimere il suo potenziale. Generalmente questo tipo di blocco è alimentato da un Sé molto ingombrante: il Sé Critico, che si manifesta con l'insicurezza e la paura di fallire. Nel caso di Eleonora, il blocco era ancora più subdolo: non era il Sé Critico a frenarla, ma i suoi Sé Guardiani.

Eleonora era brillante, piena di entusiasmo e sicura; la sua mente era un cantiere aperto traboccante di idee. Un giorno realizzò il sogno di aprire un centro di medicina olistica. Tuttavia, sin dall'inaugurazione, si trovò a fare i conti con un blocco psicologico insospettato: era incapace di vendere i propri trattamenti, preferiva regalarli.

«Venite a provarli, offro io!» non faceva che ripetere alle sue clienti. Il primo mese fu un disastro: l'attività era in passivo e le clienti scarseggiavano, forse insospettite dalla mancanza di professionalità di Eleonora.

«Non riesco a chiedere soldi, mi fa stare male» mi disse, quando decise di cominciare la terapia. Mi fu subito chiaro che il suo Sé Potere era rinnegato: rappresenta l'ambizione sana, il desiderio di avere successo e di realizzarsi. Fa parte della costellazione dei Sé Guardiani che comprende anche il Sé Perfezionista e il Sé Attivista, componenti che, nel caso di Eleonora, parevano ben espressi. Perché allora aveva rinnegato proprio il Sé Potere? La risposta emerse ricostruendo il suo passato.

I genitori erano sempre stati operai precari e mal retribuiti. Per tutta l'infanzia, Eleonora li aveva visti soffrire e lamentarsi: «Ci spremono come limoni per il loro guadagno» dicevano a proposito dei rispettivi datori di lavori. Eleonora aveva quindi maturato una convinzione inconsapevole: «Chi cerca di emergere lo fa a discapito degli altri». Ecco perché il suo Sé Potere era finito nell'ombra, e perché lei si sentiva egoista e colpevole ogni volta che tentava di dare seguito alle proprie ambizioni. Inconsciamente, temeva di assomigliare agli aguzzini dei genitori. Questo è un esempio di come questo Sé possa venire rinnegato per restare fedeli alla famiglia di origine.

Durante la terapia abbiamo lavorato per fare in modo che il Sé Potere di Eleonora venisse reintegrato. Lei ha riconosciuto, un passo alla volta, che ambizione e altruismo possono coesistere e che realizzare se stessi non significa necessariamente danneggiare gli altri.

I Sé Confrontatori

A differenza dei Sé Guardiani, che si preoccupano della nostra immagine pubblica e ci spingono a essere all'altezza delle aspettative della società, i Sé Confrontatori agiscono principalmente sul piano del dialogo interiore e determinano il rapporto che abbiamo con noi stessi e con le persone che ci sono vicine. Questa costellazione comprende due figure principali:

- il Sé Critico;
- il Sé Giudice.

Entrambi insorgono come meccanismi di protezione: sono infatti le conseguenze delle ferite subite dal Sé Amore, e hanno la funzione di prevenire ulteriori traumi. Sfortunatamente, i Sé Confrontatori finiscono spesso per rinforzare le convinzioni negative che ci portiamo dentro.

Il Sé Critico è la voce insistente che non perde occasione di sottolineare quanto siamo inadeguati, quanto avremmo potuto fare meglio e quanto gli altri ci siano superiori. Il Sé Giudice, al contrario, proietta le nostre insicurezze sulle persone che ci circondano, spingendoci a trovare difetti negli altri e impedendoci di accettare critiche o di riconoscere le nostre responsabilità.

Coloro che si identificano maggiormente con il Sé Critico evitano di esporsi per paura del giudizio o del fallimento. Anche quando decidono di mettersi in gioco, lo fanno con ansia e timore, assillati dalla sensazione di non essere abbastanza. Al contrario, quando è il Giudice a dominare la personalità, emerge una grande sicurezza in sé che a volte tracima in tracotanza, accompagnata però dall'incapacità cronica di accettare le proprie mancanze. Quando le cose vanno male, il Sé Giudice ci suggerisce che la colpa non è nostra, bensì degli altri o delle circostanze.

Le voci dei Sé Confrontatori risuonano in tutti noi e non hanno necessariamente un impatto negativo sulla vita, anzi. Se convivono in modo armonioso, ci permettono di contestualizzare ciò che ci accade; ci aiutano a capire quando abbiamo sbagliato e a chiedere scusa, ma anche a evitare di accollarci colpe che non sono nostre. Tuttavia, quando prendono il controllo possono toglierci obiettività di giudizio e distorcere la nostra percezione della realtà. È precisamente ciò che è accaduto a una paziente che chiamerò Franca, che si presentò nel mio studio all'indomani della rottura con il partner storico, Maurizio.

«Mi sento una fallita» mi disse durante la prima seduta.

«Ti senti così perché avevi investito tanto nella relazione?» le domandai.

«No. Mi sento una fallita perché non mi sono mai accorta di niente. Sono una stupida!»

La rottura era arrivata dopo che Franca aveva scoperto che il compagno la tradiva da anni. Le chiesi come avesse reagito alla scoperta del tradimento.

«Mi sono arrabbiata con Maurizio, certo, ma poi ho cercato di farlo ragionare, di ripartire da zero. Lui, però, non ne ha voluto sapere. Ha detto che l'amore era sfiorito, che adesso aveva capito di amare l'altra.»

«E tu come ti sei sentita?»

«Come una fallita, appunto. Lei è più bella, più giovane di me, ha tanti interessi, un lavoro di prestigio... Era ovvio che sarebbe accaduto, prima o poi. Cosa mi ero messa in testa?»

Franca era convinta che fosse tutta colpa sua. Pensava di meritare il tradimento, gli inganni, le bugie e la mancanza di rispetto. La sua identità era sotto il sequestro del Sé Critico, che in quei giorni alzava la voce in modo ancora più perentorio. «Sei inadeguata!» le ripeteva. «Non sei all'altezza!» Le paure di Franca, faticosamente tenute a bada per anni, trovavano all'improvviso una cruda conferma.

D'altra parte, il suo Sé Giudice non era abbastanza forte per contrastare la voce del Sé Critico. Probabilmente sussurrava a Franca che anche Maurizio aveva delle colpe, che mentendole si era comportato in modo vile, ma la sua voce era troppo debole perché Franca potesse sentirla.

A complicare ulteriormente la crisi c'era la presenza ingombrante di un altro Sé: il Perfezionista. Franca era il classico tipo che non si espone mai a meno che non abbia la certezza di essere impeccabile. Il Sé Critico e il Sé Perfezionista vanno spesso in coppia, e nel caso di Franca si imponevano anche in un ambito che, per sua natura, richiederebbe spontaneità e naturalezza: il sesso.

«Ieri, stupidamente ho sbirciato sui profili social di Maurizio e ho visto una foto che mi ha fatto morire di dolore» mi raccontò Franca durante una delle nostre sedute. «Erano in spiaggia, abbracciati, si baciavano appassionatamente. Lei indossava un costume succinto da cui si intravedeva tutto.»

«Hai provato gelosia, ovviamente...»

«Certo, ma non solo. Ho capito perché Maurizio si è innamorato di lei. A letto io non ero abbastanza, è questa la ragione.»

Quando esplorammo l'argomento, Franca fu molto schietta. Si era sempre impegnata per soddisfare i desideri del partner, faceva del proprio meglio per assecondare le sue fantasie, ma senza mai lasciarsi andare completamente. Tutto ciò era motivo di lamentela da parte di Maurizio, il quale la accusava di essere troppo controllata.

Per Franca il sesso non era un momento di connessione emotiva e sensoriale, bensì un terreno di prova, un mezzo per ottenere conferme al suo bisogno di essere desiderata e amata. Il piacere, perciò, era secondario rispetto all'obiettivo di risultare perfetta agli occhi del partner. L'insicurezza alimentata dal Sé Critico e la pressione esercitata dal Sé Perfezionista creavano un circolo vizioso: più Franca cercava di essere all'altezza, più si allontanava dalla possibilità di vivere il sesso come un'esperienza autentica e libera e, quindi, pienamente appagante. Non solo: oltre a investire l'ambito sessuale, tale dinamica le impediva di vivere appieno ogni relazione, compresa quella con se stessa. Il bisogno di essere amata e accettata era così forte che ogni azione, ogni pensiero e ogni emozione erano condizionati dal Sé Critico e dal Sé Perfezionista.

Ancora una volta, il problema non è la presenza di questi Sé – che, come abbiamo visto, svolgono un compito importante –, ma la loro eccessiva influenza sul comportamento. Quando una personalità è dominata dal Sé Perfezionista, che impone una ricerca maniacale della perfezione, e dal Sé Critico, che non fa che sottolineare ogni imperfezione, si trova intrappolata in un ciclo continuo di insoddisfazione. Il risultato è una vita vissuta con il freno a mano tirato, dove l'amore, la creatività e il piacere si riducono a esercizi di conformità e ricerca di approvazione.

Vediamo ora cosa accade quando a governare la psiche non è il Sé Critico, ma il Sé Giudice. È una condizione che affligge più spesso gli uomini. Nella mia carriera ho avuto decine di pazienti maschi che faticavano ad ammettere le loro responsabilità e per contro erano bravissimi a individuare le colpe altrui. Tuttavia, il caso più interessante che mi è capitato è quello di Susanna, una donna brillante e divertente, anche durante le sedute.

«Sono qui per capire perché gli uomini, con me, si comportano sempre da stronzi.» Così esordì al nostro primo colloquio, con un'impagabile espressione furente, una combinazione tra l'eroismo di Giovanna d'Arco e il cipiglio di Oriana Fallaci. Mi raccontò che negli ultimi anni aveva avuto quattro relazioni, tutte naufragate a causa di incomprensioni e litigi, alcuni dei quali sfociati in veri e propri drammi.

«L'ultimo l'ho conosciuto su Instagram» continuò senza lasciarmi il tempo di intervenire. «Abbiamo chattato per una settimana. Pareva brillante e interessato, ogni occasione era buona per farmi un complimento o una battuta. Mi faceva ridere, ma era tutta una tattica. Lei lo sa, dottore, i narcisisti fanno *love bombing* all'inizio…»

«Sì, ma…» non sono riuscito a finire la frase.

«Quando mi ha invitata a prendere un caffè, ero partita con le migliori intenzioni: ero calma e persino curiosa. Ma appena ci siamo incontrati, ho capito tutto.»

«Cioè?»

«Ho voluto mettere le cose in chiaro da subito. Gli ho detto apertamente che non sono interessata a un'avventura, che sono stanca di persone che non sanno cosa vogliono e che, se era fidanzato o sposato, doveva essere trasparente fin dall'inizio.»

«E lui?»

«Ha riso e ha cercato di sdrammatizzare. Mi ha detto:

"Vogliamo ordinare un caffè, prima?". Si rende conto, dottore? Classico dei narcisisti.»

«Sì, ma...» Di nuovo, non sono riuscito a completare la domanda.

«Poi mi ha detto che non era impegnato, ma che prima di parlare di una possibile relazione dovevamo conoscerci, capire se c'era feeling e se ci trovavamo bene insieme.»

«E tu?»

Susanna a quel punto l'aveva piantato in asso, con una sentenza di condanna senza appello: «Mi spiace, ma sei un uomo inaffidabile».

A sostegno della sua tesi, Susanna elencò una serie di presunte contraddizioni che aveva rintracciato non solo nel suo comportamento ma anche nei contenuti che condivideva sui suoi profili social. «È stata l'ennesima dimostrazione che gli uomini sono incoerenti e manipolatori. Sono una delusione continua!» ha concluso.

Ecco un esempio di cosa è capace di fare il Sé Giudice quando prende il controllo e detta il copione: proietta le nostre insicurezze sugli altri, ci spinge a cercare e vedere difetti ovunque. Animata dal Sé Amore, Susanna era costantemente alla ricerca di un partner che potesse colmare il suo senso di solitudine, ma a ogni incontro, suo malgrado, si trasformava in un'esaminatrice intransigente, attenta a cogliere qualsiasi segnale negativo.

La determinazione con cui cassava uno spasimante dopo l'altro era sintomo dell'agire prevaricante di un'altra forza: il Sé Guerriero. Quando, invece di proteggere i propri confini e alimentare una sana competitività sociale, il Sé Guerriero si allea con il Sé Giudice, allora può diventare uno spietato strumento di rivalsa.

Susanna non si accontentava di chiudere le relazioni in modo netto e tranchant, spesso sentiva il bisogno di "regolare i conti". Si era vendicata di un ex, un certo Antonio, contattando la sua nuova compagna e riferendole cose terribili su di lui, con l'unico scopo di sabotare la loro relazione. Non voleva riconquistarlo, desiderava punirlo perché non trovava giusto che, mentre lei soffriva, lui avesse cominciato una nuova storia.

Il Sé Guerriero, che dovrebbe essere al servizio della dignità e della protezione personale, alimentava il Sé Giudice imprigionando Susanna in un circolo vizioso di rabbia e vendetta e scavando ulteriormente il solco della sofferenza e della solitudine.

Una dinamica simile si può instaurare anche con il Sé Critico: in questo caso, il Guerriero diventa un implacabile accusatore interno, pronto a colpire con parole e giudizi autodistruttivi. È così che una persona, sotto l'influenza del Critico e del Guerriero, può arrivare a sabotare i propri successi, a rinunciare a opportunità o persino a punirsi consapevolmente.

A differenza del Critico, che imprigiona l'individuo in una spirale di autosvalutazione, il Giudice offre una parvenza di sicurezza dirottando sugli altri le responsabilità di ciò che ci accade. Ma questa sicurezza è soltanto un meccanismo di difesa, una maschera che nasconde le nostre paure e che finisce per reprimere l'espressione dei Sé Autentici.

LA STORIA DI MARCO E I GRANDI SÉ ASSENTI

Tra le diverse configurazioni di Sé che definiscono le personalità, ce n'è una che può impedirci di instaurare relazioni armoniose e durature: è quella dominata dal Sé Giudice e dal Sé Guerriero. In questa combinazione, il Sé Giudice, con la sua severità implacabile, scandaglia ogni situazione per individuare colpe e responsabilità, spesso attribuendole agli altri. Quando il Guerriero lo affianca, il giudizio si trasforma in azione, una battaglia condotta per difendere le proprie ragioni o punire chiunque venga percepito come un nemico. Il risultato? Il mondo è percepito come un luogo intrinsecamente ostile e le relazioni saranno contraddistinte da continui conflitti.

Marco si presentò nel mio studio dopo un duplice abbandono: dalla fidanzata e dai compagni di calcetto. Nessuno voleva più avere a che fare con lui. «Mi dicono tutti che ho un carattere insopportabile» mi spiegò nel primo dei nostri colloqui, «ma io non faccio altro che reagire alle mancanze altrui.» Si sentiva una vittima.

Mentre mi raccontava dei suoi conflitti, capii che il Sé Giudice era una presenza dominante nella sua personalità. Aveva giudizi netti su tutti: l'ex compagna era troppo permalosa, i compagni di calcetto erano invidiosi, pigri o egoisti. Per lui la vita era un tribunale permanente, dove venivano emesse solo condanne. Naturalmente, nella sua narrazione non c'era spazio per il dubbio o per l'autocritica.

Quando il Sé Guerriero si combina con il Sé Giudice, il risultato dà vita a una personalità spigolosa, con cui è difficile simpatizzare. Il Guerriero non si limita a difendersi: sotto l'influenza del Giudice, interpreta ogni disaccordo come un affronto. Marco manifestava questa dinamica sia nell'amore sia nello sport. A calcetto, bastava che un compagno sbagliasse un passaggio perché Marco lo investisse di insulti. «Non sopporto chi non dà il massimo» si giustificava. Dall'ex compagna non accettava alcun tipo di critica, neanche una lieve divergenza di opinioni: le considerava una mancanza di rispetto.

Un'altra caratteristica distintiva della personalità di Marco era l'assenza quasi totale del Sé Critico, la controparte del Giudice. Per questo motivo, era incapace di valutare con obiettività la propria responsabilità nei conflitti con gli altri. Il Sé Critico è quella voce interiore che ci fa riconoscere i nostri errori, mettere in discussione le nostre convinzioni e crescere attraverso l'autoconsapevolezza. Marco aveva rinnegato questa componente per evitare di affrontare la propria vulnerabilità.

A complicare ulteriormente il quadro era l'assenza del Sé Spirituale, una componente che permette di osservare la vita dall'alto, con una visione d'insieme più lucida e serena. Aiuta a collocare i conflitti personali in un contesto più ampio, a comprendere che non tutto ruota attorno a noi e che i problemi relazionali possono diventare opportunità di crescita.

Un altro grande assente nel teatro interiore di Marco era il Sé Compiacente, che, come vedremo, è legato all'empatia e alla capacità di percepire i bisogni altrui. Questo Sé non consente solo di riconoscere il dolore o le difficoltà altrui, ma anche di provare piacere nel soddisfare le loro esigenze e nel prendersi cura di chi ci sta vicino. Marco era troppo concentrato su se stesso, sulle sue ragioni e sui suoi bisogni per riuscire a entrare in sintonia con gli altri.

Il motivo per cui aveva sviluppato una personalità così chiusa e ostile risiedeva nell'educazione particolarmente severa che aveva ricevuto. Durante l'infanzia si era sentito raramente all'altezza delle aspettative dei genitori. Questa condizione aveva alimentato in lui una profonda rabbia, che si era poi manifestata in un carattere particolarmente difficile e scostante.

Durante il percorso terapeutico, il lavoro con Marco si è concentrato sull'attivazione dei Sé interiori che avrebbero potuto bilanciare la rigidità del Giudice e l'aggressività del Guerriero. Questo processo ha favorito lo sviluppo di un'empatia più profonda, indispensabile per migliorare le relazioni interpersonali e raggiungere un benessere emotivo più completo.

Il Sé Compiacente

Per completare l'esplorazione del nostro paesaggio interiore, non ci resta che soffermarci su un'ultima costellazione: il Sé Compiacente. Come abbiamo visto nella storia di Anita, nasce da un bisogno inappagato di essere amati e accettati e si manifesta attraverso comportamenti "passivi" come il servilismo, il sacrificio e la subordinazione a scapito della spontaneità, dell'espressione delle emozioni e di quel sano egoismo così naturale nei bambini.

Il Sé Compiacente deriva dalla convinzione che assecondare gli altri sia l'unico modo per stabilire una relazione, comprese quelle di coppia. Le persone dominate da un Sé Compiacente tendono a non esprimere i propri bisogni temendo di turbare l'equilibrio del rapporto o di perdere l'approvazione del partner. Hanno paura di sfidare l'altro o di proporre una visione autentica di sé. Rischiano perciò di diventare prevedibili, scontate, monotone, di togliere vitalità al rapporto, di imbastire una falsa armonia che nasconde, in realtà, insoddisfazione e frustrazione.

A dispetto della sua apparente bontà, dunque, il Sé Compiacente può trasformarsi in un sabotatore silenzioso, poiché ostacola la costruzione di una vera intimità e di uno scambio autentico e profondo.

Il mio paziente Giovanni aveva lottato per molti anni con i fantasmi di un'infanzia oppressa da una madre anaffettiva e severa. Ciononostante, grazie al talento e alla dedizione, era riuscito a costruirsi una carriera brillante come giornalista per un'emittente televisiva. Aveva un ottimo rapporto con tutti i colleghi, ma il legame più profondo lo aveva instaurato con Armando, il suo capo, una delle prime persone a vedere oltre le insicurezze di Giovanni e a riconoscerne il talento. Era stato merito di Armando se Giovanni, un po' alla volta, era riuscito a mettere a tacere il suo Critico interiore, a credere nelle proprie forze e a cogliere le opportunità professionali che si presentavano.

Poi in redazione arrivò Sonia, una giovane stagista solare e brillante.

Fin da subito, la sua vitalità e il suo sorriso radioso avevano colpito Giovanni. Era cordiale e scherzosa con tutti, ma con lui instaurò un legame speciale, fatto di confidenze intime e lunghe conversazioni. Mentre agli altri colleghi Sonia elargiva soltanto sorrisi, con Giovanni si aprì, rivelando un disagio profondo che portava con sé da molto tempo: l'anoressia. Nei primi mesi, rimanevano in macchina per ore dopo il lavoro, a parlare. Spesso lei scoppiava in lacrime, raccontando di come fosse costretta a nascondere la sua sofferenza dietro una maschera di apparente serenità. Si mostrava grata a Giovanni, che le offriva uno spazio in cui poteva finalmente sfogarsi senza filtri. Inutile dire quanto Giovanni si sentisse lusingato da tutto ciò. Nel ruolo di protettore, motivatore e guida, sentiva di poter esprimere il proprio valore. La percezione di avere un'influenza positiva su di lei, rafforzata dagli apprezzamenti ricevuti, alimentava il suo Sé Compiacente, spingendolo a essere sempre più disponibile e protettivo. Era convinto che, continuando così, avrebbe conquistato l'amore di Sonia.

Una sera, sotto la pioggia, mentre parlavano in macchina come facevano di consueto, lei lo abbracciò tra le lacrime e, lentamente, i loro volti si avvicinarono fino a incontrarsi in un bacio.

«Non posso fare a meno di te» sussurrò lei.

«Io per te ci sarò sempre» rispose lui.

"Ecco, ci siamo. A breve la catastrofe" pensai io quando Giovanni mi raccontò la scena. Da lì ebbe inizio una relazione travolgente fatta di passione, viaggi improvvisati e una spontaneità che Giovanni non sperimentava da tempo. Quei momenti di intensità e scoperta riaccesero in lui i Sé Autentici, aspetti della sua vita che erano rimasti sepolti sotto il peso delle responsabilità quotidiane e la necessità di compiacere gli altri. Sonia era una donna istintiva e passionale, e accanto a Giovanni sembrava aver messo da parte le sue insicurezze.

Tuttavia, come temevo, l'idillio si incrinò. Sonia iniziò a interferire nel suo lavoro: a suo giudizio, il capo di Giovanni era un uomo invidioso e approfittatore, che con i suoi modi blandi e concilianti cercava solo di tenere Giovanni in una posizione subordinata, consapevole che invece avrebbe meritato molto di più. Fu talmente insistente nella sua opera di convincimento che presto Giovanni cominciò a vedere Armando sotto una luce diversa. Iniziò a dubitare della sua onestà. Si sentiva sfruttato e ingannato, e presto assunse un atteggiamento ostile anche nei confronti degli altri colleghi. In sostanza, il suo Critico interiore fu scalzato dal Giudice. Giovanni scaricava sugli altri le sue insicurezze e presto si ritrovò isolato.

Era convinto di aver intrapreso una lotta per dimostrare il proprio valore, quando in realtà aveva sacrificato conquiste e legami autentici, parti fondanti della sua identità, per diventare lo strumento delle aspettative e delle ambizioni di Sonia.

Finché, finalmente, il Guerriero interiore di Giovanni ebbe un sussulto. Accadde quando, a seguito delle sue continue intemperanze, fu retrocesso da conduttore del telegiornale a redattore. Invece di offrirgli sostegno, Sonia lo rimproverò di non aver lottato abbastanza. Allora, per la prima volta, Giovanni trovò il coraggio di affrontare la compagna. «Così non posso andare avanti, io amo il mio lavoro, non voglio continuare a fare la guerra a tutti» le disse.

«Sei come gli altri» rispose lei, tagliente.

Sentendosi sminuita, Sonia decise di prendersi una pausa minacciando di lasciarlo. Nei giorni successivi lo ignorò completamente. Giovanni ne fu devastato.

Nei mesi che seguirono, la loro relazione si trasformò in un ciclo tormentato di riavvicinamenti e rotture, ogni volta sempre più drammatiche. Poi, un giorno, Sonia trovò un impiego altrove e, contemporaneamente, un nuovo amore.

Per Giovanni, quel momento segnò la fine di un'illusione. La storia che aveva creduto speciale, una fonte di rinascita e passione, si era rivelata un campo di battaglia interiore. Ma dopo una lunga fase di tristezza e scoramento, riuscì a risalire la china. Si confidò con Armando, raccontandogli tutto ciò che aveva vissuto; questi, con un'empatia quasi paterna, lo perdonò e lo accolse nuovamente con fiducia.

Questa è la subdola influenza che il Sé Compiacente può esercitare quando finisce per divenire dominante. Una persona apparentemente indipendente, capace e di successo può manifestare un'accondiscendenza insospettabile e trasformarsi in un'ombra di se stessa. Spesso il Sé Compiacente sollecita il Critico interiore e il Sé Perfezionista, creando un'alleanza che, una volta attivata, si trasforma in una trappola emotiva. È un meccanismo insidioso, in cui il desiderio di essere accettati e amati si scontra con la paura di non essere abbastanza, scatenando dinamiche di sacrifici e autosvalutazione che allontanano sempre più dalla propria autenticità.

LA STORIA DI FLAVIA E UN DESTINO SEGNATO DAL SÉ CRITICO

Esiste una configurazione di Sé che può determinare la predisposizione a essere lasciati o traditi: quella in cui il Sé Compiacente e il Sé Critico dominano la scena, mentre il Sé Guerriero è rinnegato o silente. Questa combinazione dà vita a una personalità insicura, fortemente orientata ai bisogni degli altri e incapace di dare spazio alle proprie esigenze.

Quando il Sé Critico diventa preponderante al punto da soffocare il Sé Giudice, prevale un'indole spietatamente autocritica: ogni errore viene amplificato, ogni decisione messa in discussione, generando un senso di inadeguatezza che mina l'autostima. In questa configurazione, l'assenza del Sé Guerriero risulta particolarmente penalizzante. Senza la sua forza e capacità di affermarsi, non possiamo infatti proteggere i nostri confini emotivi.

Flavia, ex modella, si definiva «molto sfortunata in amore». Dietro la sua immagine di donna sicura e seducente, c'era infatti una storia di ripetuti tradimenti. Quando abbiamo cominciato la terapia era reduce dal tradimento più devastante: il compagno con cui conviveva da tre anni, un uomo apparentemente stabile e affidabile, aveva avuto una relazione con due donne diverse, una delle quali era la migliore amica di Flavia. «Non è solo il tradimento a farmi stare male... ma la disonestà e l'inganno» si sfogò Flavia.

Quando ci addentrammo nel suo passato, emerse che Flavia tendeva sempre ad annullarsi nei rapporti di coppia. Si adattava completamente alle esigenze del compagno di turno, che finiva inevitabilmente per darla per scontata. Questo atteggiamento derivava da una combinazione di Sé Critico e Sé Compiacente molto dominanti, che rendevano Flavia particolarmente severa con se stessa e focalizzata sul soddisfare gli altri, anche a discapito del proprio benessere emotivo.

Questo sbilanciamento si manifestava specialmente nei conflitti e nelle discussioni. Flavia giustificava sempre i comportamenti dei partner, sviliva i propri sentimenti e si assumeva ogni responsabilità. Nelle rare occasioni in cui sentiva di avere ragione e cercava di far valere il proprio punto di vista, si scontrava con il Sé Critico, che le instillava dubbi, e con il Sé Compiacente, che la portava a mettere al primo posto i bisogni emotivi dell'altro. Così, finiva per arrendersi.

Flavia aveva sviluppato questa personalità a causa del rapporto complesso che la legava alla madre, una donna molto avvenente che, in gioventù, era stata a sua volta una modella. Costretta ad abbandonare le passerelle a seguito della gravidanza, la madre aveva coltivato un sottile rancore nei confronti della figlia, manifestando una velata gelosia per la sua bellezza. Questo si traduceva in critiche che facevano sentire Flavia sbagliata. Dal canto suo, Flavia aveva cercato in ogni modo di conquistare l'attenzione e l'approvazione materna, senza mai riuscirci, sviluppando così una profonda e latente insicurezza.

Durante il percorso terapeutico, Flavia ha preso consapevolezza delle dinamiche famigliari che avevano plasmato il suo carattere. Questa nuova comprensione le ha permesso di migliorare significativamente la sua autostima, di rivalutare i successi che aveva ottenuto e di ridimensionare la sua parte critica. Da quel momento, non ha più sentito il bisogno di essere accondiscendente per ottenere l'approvazione altrui.

Ultimo atto

Dentro di noi va in scena un dramma, voci diverse che si accavallano e si scontrano, oppure che si assecondano e si danno man forte. Questo spettacolo è il risultato delle nostre esperienze, e soprattutto di come siamo stati amati. Ciò che abbiamo vissuto ci porterà a identificarci con alcune specifiche costellazioni di Sé e a rifuggirne altre. I Guardiani ci inducono a credere che lavoro, successo ed efficienza siano le uniche priorità nella vita; i Confrontatori a sviluppare un atteggiamento critico verso noi stessi o verso gli altri come forma di protezione; il Sé Compiacente, a conquistarci la benevolenza e l'approvazione altrui a scapito dei nostri bisogni.

C'è chi vive insicurezze profonde e adotta un atteggiamento ipercritico verso se stesso, mentre all'esterno rifiuta ogni consiglio, interpretando le opinioni diverse come una mancanza di rispetto. C'è chi è spinto da un'insaziabile sete di potere, ma nella sfera privata si rivela succube e fragile. Le combinazioni possibili sono infinite. Ciascuna coincide con una particolare dialettica di forze interne che modellano il nostro modo di essere. Qualunque sia il copione, il risultato finale è spesso un processo di rinnegamento di parti autentiche che soccombono di fronte a urgenze percepite come più importanti.

Per fortuna, non tutti seguono il copione alla lettera: alcuni riescono a mantenere una certa fedeltà alla propria essenza, coltivando amicizie, praticando hobby e tenendo vive le proprie passioni. Altri, invece, perdono lentamente ma inesorabilmente il contatto con la propria identità profonda. Prima o poi, però, i Sé Rinnegati cominceranno a farsi sentire: emergeranno insoddisfazioni, crisi e trasgressioni improvvise, che saboteranno la messa in scena. È in questi momenti che un'autenticità, repressa per anni, può esplodere in cerca di riconoscimento.

«Per conoscere veramente una persona, osserva come si comporta quando si arrabbia o quando beve» dice un vecchio adagio. In effetti, quando perdiamo il controllo e il nostro aplomb si frantuma, emergono lati nascosti, parti che abbiamo a lungo soffocato e rinnegato. Anche i sogni sono una cartina al tornasole dei conflitti interiori: spesso rivelano la nostra vera essenza, mostrando ciò che abbiamo occultato per conformarci alle aspettative e ai condizionamenti esterni.

Il risveglio interiore può avvenire in molti modi. Può scaturire da un'amicizia speciale, da un licenziamento che ci costringe a rivedere le nostre priorità, da una conversazione illuminante con un mentore, da una malattia che ridimensiona drasticamente ciò che abbiamo sempre creduto essenziale oppure da un amore catartico. In quest'ultimo caso, il risveglio non potrà che essere esplosivo, devastante.

È un processo che porta a sperimentare la perdita, la separazione, ma è anche liberatorio. Se l'amore catartico verrà elaborato al meglio, i Sé Rinnegati troveranno la strada per riemergere e riprendere il loro posto nel coro della nostra psiche. Sarà come se il tessuto della vita, che prima appariva lacero, si rigenerasse tornando alla sua bellezza originaria. L'amore potrà così essere vissuto come un sentimento puro, libero di fiorire in tutta la sua autenticità.

Nel prossimo capitolo ci occuperemo di come si riparte dopo un amore catartico, di come elaborare il risveglio interiore e il dolore della perdita. Perché gli amori catartici possono travolgerci e lasciarci annientati, oppure diventare una parte integrante della nostra identità arricchendo il nostro modo di vivere e amare.

PARTE TERZA
IL RISVEGLIO

Quando spiego a un paziente disperato che da un amore catartico si può ripartire, solitamente non ricevo grandi attestati di fiducia. Del resto, non mi aspetto altro che scetticismo. So che non si guarisce da un amore catartico semplicemente curandosi le ferite: è necessario affrontare un processo molto più impegnativo e radicale. Per superarlo bisogna rinascere, scavare nei meandri della nostra mente, ricomporre il puzzle dell'identità. È difficile perfino immaginare un simile processo finché non ti ci ritrovi dentro. Ma cominciare a visualizzare il percorso è proprio il primo passo per guarire.

Nel capitolo precedente, abbiamo esplorato il mondo delle nostre sotto-personalità, i cosiddetti Sé. Alcuni rappresentano il nucleo più autentico della nostra essenza, mentre altri si formano come sovrastrutture, scudi costruiti in risposta alle ferite subite dal Sé Amore. I Sé Autentici, le fondamenta della nostra personalità, sono la chiave per decifrare i grandi enigmi dell'esistenza, compresi i paradossi degli amori catartici; tuttavia, per sfruttare il loro potenziale trasformativo dobbiamo prima imparare a riconoscerli e a comprenderli e lasciare loro lo spazio necessario perché possano emergere ed esprimersi pienamente.

Spesso, purtroppo, fatichiamo a distinguere le loro voci, ma anche quando ci mostriamo più sordi al loro richiamo, queste componenti essenziali trovano il modo di manifestarsi. Riemergono di continuo, nel modo in cui rielaboriamo le esperienze, nei sogni, negli schemi con cui interpretiamo la realtà. Sono gli archetipi che ritroviamo nelle favole, nei romanzi e nei film. Pensa a figure come l'eroe, il cattivo, il mentore. Che cos'altro sono se non incarnazioni simboliche di queste forze primordiali della psiche umana?

Da sempre, abbiamo bisogno di dare forma e voce a ciò che anima il nostro mondo interiore. Per questo, sin dalla notte dei tempi, ricorriamo agli stessi modelli per raccontare la nostra storia: non ne inventiamo di nuovi, ma li riscopriamo, li rivestiamo di nuovi dettagli e li adattiamo alla contemporaneità. Attraverso gli archetipi, cerchiamo di comprendere le dinamiche segrete che muovono la nostra vita.

Carl Gustav Jung fu il primo a teorizzare l'esistenza di un inconscio collettivo, una sorta di deposito di esperienze universali che si tramandano di generazione in generazione e influenzano il comportamento umano, un'entità viva e pulsante che si manifesta in ogni persona, in ogni cultura, in ogni racconto.

Joseph Campbell, mitologo statunitense, identificò gli archetipi più ricorrenti e più rappresentativi delle varie componenti della psiche umana. Nel prossimo capitolo ci faranno compagnia tre di questi: il Saggio, il Guerriero e il Folle, che corrispondono al Sé Spirituale, al Sé Guerriero e al Sé Giocoso.

Sono personaggi che abbiamo amato, ammirato o temuto migliaia di volte e che abbiamo conosciuto sotto innumerevoli sembianze (Achille, Ulisse, Virgilio, Merlino, Joker, solo per citarne alcuni). Ci attraggono da sempre, il loro fascino è inesauribile. La ragione del loro magnetismo è che quei personaggi parlano di noi.

Dobbiamo immaginare che nella nostra psiche coesistano un Saggio, un Guerriero e un Folle. Il primo ci aiuta a vivere con consapevolezza, il secondo ci dà la forza e la determinazione necessarie per affrontare le sfide, e il terzo ci insegna a praticare la leggerezza, a rompere gli schemi e a trovare la gioia anche nelle difficoltà. Se sapremo affidarci alla loro guida, ci soccorreranno durante le tempeste, comprese quelle scatenate dagli amori catartici, e ci traghetteranno verso un porto sicuro.

Il Saggio

[...] qui sento che a quelle domande e a quei sentimenti, che hanno nelle vostre profondità una propria vita, nessun uomo può rispondere mai; ché nelle parole errano anche i migliori, quando esse debbano significare le cose più sommesse, quasi l'indicibile. [...] Se vi tenete alla natura, a quanto è di semplice in essa, alle piccole cose, che uno vede appena e che in maniera così imprevista possono divenire grandi e incommensurabili [...] allora tutto vi diverrà più facile, armonico e in qualche modo più conciliante [...]. Voi siete così giovine, così al di qua d'ogni inizio, e io vi vorrei pregare quanto posso, caro signore, di aver pazienza verso quanto non è ancora risolto nel vostro cuore, e tentare di aver care le domande stesse *come stanze serrate e libri scritti in una lingua molto straniera. Non cercate ora risposte che non possono venirvi date perché non le potreste vivere. E di questo si tratta, di vivere tutto.* Vivete *ora le domande. Forse v'insinuate così a poco a poco, senz'avvertirlo, a vivere un giorno lontano la risposta.*

Rainer Maria Rilke

Qualche tempo fa, in una di quelle giornate autunnali da cartolina – sole tiepido, aria frizzante e foglie che scricchiolano sotto i piedi –, decisi di andare a correre.

Avevo un milione di cose da fare nel mio studio, ma mi dissi che un pieno di endorfine mi avrebbe aiutato a trovare la concentrazione; o forse, più semplicemente, ero troppo in balia dei miei pensieri per mettermi al lavoro. Il mio umore era pessimo, infatti, tutto il contrario di quella splendida giornata di autunno. Ero cupo, nervoso, stanco.

Anche la mia segretaria Francesca se n'era accorta quella mattina, vedendomi arrivare. «Dormito male, doc?» mi aveva chiesto appena mi ero avvicinato.

Sì, avevo dormito malissimo. E il fatto che a causare l'insonnia fosse un motivo insulso non faceva che peggiorare il mio umore. Ero stato eliminato al secondo turno di un torneo di padel: ecco cos'era successo. Una disfatta su tutta la linea. Io e il mio compagno avevamo giocato male, tra noi non c'era stata nessuna alchimia; più che una partita, era sembrato un match di errori incrociati. Ma ciò che davvero mi aveva fatto infuriare era stata la reazione del mio socio. A quanto pareva, se ne andava in giro a dire che era tutta colpa mia: lui aveva giocato splendidamente, come un dio del padel, spiegava agli amici comuni. Io non avevo fatto che vanificare ogni suo sforzo, ero stato un «totale disastro».

Quelle parole mi si erano piantate in testa come un tarlo. Le sentivo anche mentre correvo nel bosco, nonostante la musica nelle cuffie. Ogni chilometro percorso era una tacca in più di rabbia, e ogni pensiero era un nuovo proposito di vendetta. «Lo devo affrontare» mi ripetevo. «Gliene dirò quattro. È lui che ha giocato male!» E se inizialmente i miei pensieri erano più simili a un monologo interiore, presto presero la forma di un litigio a due voci degno di un film drammatico.

Finché non arrivai in una radura, un piccolo angolo di pace dove di solito mi fermo a fare stretching. Vidi un ramo a terra e, senza pensarci due volte, gli rifilai un calcio alla Cristiano Ronaldo. Pessima idea. Quel tronco era una radice dura come il marmo e ancorata saldamente al suolo. Crollai a terra, piegato dal dolore, e per qualche istante dimenticai il padel, il mio compagno irriconoscente e le sue inaudite recriminazioni. Ora lo sai: anche gli psicologi a volte si comportano in modo stupido.

Ma, in fondo, quel calcio fu utile. Quando il dolore finalmente si attenuò e smisi di imprecare tra me e me, ecco che arrivò, come una folata di vento improvvisa, una domanda semplice eppure illuminante: "Ma perché tutta questa rabbia?".

Quella voce veniva da un luogo profondo della mia mente: era il mio Sé Spirituale, una componente che, per quanto saggia, tende a starsene in disparte. Spesso, come abbiamo visto, viene messa a tacere da altre voci più prepotenti, come il Sé Guerriero, che vuole combattere e prevalere, oppure il Sé Giudice, che si diverte a puntare il dito e a incolpare. E, in effetti, a trascinarmi in quei pensieri di vendetta – che si erano poi trasformati in una battaglia immaginaria – erano stati proprio questi Sé.

Ora, però, seduto a terra, con la schiena contro quella radice che avevo scambiato per un ramo morto, cominciai a rendermi conto che la mia rabbia era sproporzionata rispetto al motivo che l'aveva scatenata. Non era normale passare notti insonni a sceneggiare liti infuocate o a pianificare ritorsioni nella mente. Quella persona vendicativa e rancorosa non ero io. O, almeno, non era certo la parte migliore di me. Ma perché, allora, tanta furia? Da dove veniva?

Finalmente libero dalla rabbia, trovai le risposte. Ripensai alla mia infanzia, ai soprusi dei compagni di classe più grossi e prepotenti, alla sofferenza che mi avevano provocato certi giudizi e certe parole pesanti. Gli sfottò del mio compagno di padel erano inezie in confronto alle cattiverie gratuite con cui era stato bersagliato da bambino, ma avevano riaperto una vecchia ferita, premuto un pulsante nascosto e scatenato una reazione che di razionale aveva ben poco. Se solo ci avessi pensato prima, mi sarei evitato un piede malconcio, però almeno quel piccolo incidente mi aveva regalato un prezioso "momento di luce".

Il momento di luce, come lo definisco io, è l'attimo in cui il chiacchiericcio della mente si calma e, quasi per incanto, ti ritrovi a vedere le cose da un'altra prospettiva. È la voce del Sé Spirituale che torna a farsi sentire, delicata ma decisa, per invitarci a levare lo sguardo, a distoglierci da un'ossessione e ad abbracciare un orizzonte più ampio. Arriva spesso nel silenzio, nella solitudine, quando, distratti dai nostri turbamenti, ci fermiamo abbastanza a lungo da poter guardare davvero dentro di noi e finalmente permettiamo al Sé Spirituale di esprimersi. "Cosa sto facendo?" "Perché mi ostino così?" "Cos'è che mi trattiene, che mi incatena a questi pensieri?" Sono domande semplici che possono rivelarsi spaventose, perché ci portano in un territorio sconosciuto, davanti a una sorta di specchio interiore dove non possiamo più incolpare gli altri né raccontarci storie.

Spesso i momenti di luce avvengono in luoghi per noi speciali, da cui siamo attratti come da una forza invisibile. Un lago, un angolo del parco, una terrazza nascosta o una spiaggia solitaria: sono come santuari in cui riusciamo a pensare e a far parlare voci più autentiche. Forse anche tu hai un posto segreto o magico dove ti rifugi quando hai bisogno di pensare.

La mia paziente Vanessa mi ha raccontato che un giorno, da adolescente, scappò di casa. I suoi genitori, nel panico, la cercarono ovunque, invano. Dopo ore, erano pronti a chiamare i carabinieri quando suo fratello fermò tutti: sapeva dove potevano trovarla. Era seduta su una vecchia panchina vicino a una chiesa diroccata, la stessa dove si rifugiava spesso da bambina per leggere e stare da sola.

Tutti noi abbiamo avuto un luogo così, un punto di incontro con noi stessi. Magari è passato tanto tempo dall'ultima volta che ci siamo stati, ma questo non significa che quel luogo non esista più. Spesso è proprio lì, come un vecchio amico che aspetta paziente il momento in cui saremo pronti. Il mio posto speciale è il mare. Quando cammino sul bagnasciuga, con le onde che si infrangono ai miei piedi, mi sento come se i pensieri potessero liberarsi, sciogliersi tra sabbia e acqua. Mi trovo a riflettere sul senso delle cose, a immaginare il futuro di un progetto, o a passare in rassegna le storie dei miei pazienti, e, di tanto in tanto, a sentire che qualcosa dei loro racconti risuona in me.

Qualunque sia il nostro posto speciale dovremmo frequentarlo più spesso e assecondare i momenti di luce, quando si presentano, per interrompere il dominio di altri pensieri, i monologhi interiori, i dialoghi immaginari, le domande ossessive che non hanno mai un vero sbocco. Parlo di certi loop mentali, vecchi copioni che ci ripetiamo all'infinito nella testa, che risucchiano le nostre energie e che, invece di trovare risposte, imboccano, ancora e ancora, la solita strada senza uscita e ci portano immancabilmente a un punto morto.

«Perché si comporta così?»

«Perché non riesco a dimenticarla?»

«Perché non torna?»

«Perché lo perdono sempre?»

Io li chiamo "pensieri a vicolo cieco", perché ci intrappolano, ci impediscono di andare oltre, ci impongono una prospettiva limitata.

Un'altra buona definizione è "pensieri centrifughi": quando questi pensieri prendono il sopravvento, infatti, smettiamo di ascoltarci, accantoniamo il nostro mondo interiore e la mente si proietta verso l'esterno. Cerchiamo negli altri risposte ai nostri problemi, andiamo alla ricerca di soluzione facili e immediate.

Vi siete mai chiesti perché hanno tanto successo gli articoli e i libri che propongono strategie semplici per affrontare situazioni complesse? Cose come *Dieci indizi per riconoscere i narcisisti patologici*, o *Come farlo innamorare in dieci mosse*? Sono compendi di banalità che fanno presa sulla nostra limitata capacità di introspezione e ci illudono di poter ignorare le domande fondamentali.

Eppure la nostra felicità dipende proprio dal dialogo interiore. La vita, purtroppo, tende a presentarci sempre le stesse prove, come se fossero degli esami che prima o poi dobbiamo superare per accedere al livello successivo. Inutile illudersi, dunque, di poter rimandare all'infinito il confronto con le nostre ossessioni, altrimenti finiremo per ripetere sempre gli stessi errori e per affrontare le stesse delusioni senza mai progredire.

Tuttavia, come abbiamo visto, non è facile rimanere in contatto con il Sé Spirituale, soprattutto in alcune fasi dell'esistenza, per esempio quando viviamo emozioni forti come quelle generate da un amore catartico. Quando la posta in gioco è la nostra autenticità più nascosta, quella parte di noi che crediamo di poter esprimere solo nella relazione amorosa, restiamo prigionieri delle nostre passioni.

Il Sé Spirituale, sarebbe il nostro unico appiglio, la bussola interiore che dovrebbe guidarci nelle decisioni, ma i nostri loop mentali lo sovrastano, lo soffocano, gli impediscono di parlare. Non esistono momenti di luce.

IL DIALOGO INTERIORE CON IL SAGGIO

Alcune persone sono naturalmente inclini a coltivare il dialogo interiore. È facile riconoscerle: sono quelle a cui ci rivolgiamo quando abbiamo bisogno di una parola saggia, il porto sicuro dove rifugiarci senza timore di essere giudicati. Riflessive per natura, amano la poesia, la letteratura, i viaggi e spesso si interessano di psicologia. Da adolescenti erano quelli che, mentre gli amici rincorrevano il pallone, restavano seduti accanto a chi aveva il cuore spezzato.

Le persone che sanno ascoltare il proprio Sé Spirituale non rifuggono le grandi domande della vita e sono capaci di mettersi in discussione. Tuttavia, questa vocazione può trasformarsi in un'arma a doppio taglio: le riflessioni si ampliano all'infinito, come cerchi concentrici che si allargano su uno specchio d'acqua, i pensieri si trasformano in dubbi, le decisioni vengono continuamente rimandate. L'equilibrio tra pensiero e azione diventa una sfida cruciale.

Le persone dominate dal Sé Spirituale sono solitamente molto affascinanti. Ne è un esempio Pietro, un ex paziente. Cinquant'anni, maestro di olistica, studioso di filosofie orientali, possedeva una biblioteca sterminata, piena di testi sulla spiritualità. Le sedute con lui erano sempre intense e ricche di spunti; le aspettavo con entusiasmo, certo che ogni volta avremmo scavato un po' più a fondo nei meandri della sua coscienza e che qualcosa di significativo sarebbe emerso.

Il problema di Pietro consisteva nel tradurre tutte quelle conoscenze e riflessioni in azioni concrete. Era insicuro, indeciso, e affetto da un'incapacità cronica di organizzarsi. Aveva appena aperto uno studio olistico, ma non sapeva come promuovere la sua attività e, di conseguenza, aveva pochissimi clienti. La sua autostima ne risentiva, spingendolo a rifugiarsi nelle sue riflessioni e a evitare le incombenze pratiche della realtà. Oltre che dal Sé Spirituale, Pietro era infatti animato da un Sé Attivista altrettanto potente. Era molto esigente con se stesso: pretendeva di sapersi destreggiare con lo stesso agio tra la filosofia e la contabilità. Insieme, abbiamo lavorato sul suo approccio alla vita, perfezionista per certi versi e inconcludente per altri. Ma proprio grazie alla capacità di Pietro di mettersi in gioco, di osservarsi in modo lucido, non è stato difficile correggere certe dinamiche.

Quando invece mi imbatto in pazienti che hanno un contatto più debole con il Sé Spirituale, la sfida diventa più ostica, anche se, per alcuni aspetti, ancora più interessante. Di solito si tratta di individui refrattari all'introspezione che trovano appagamento nella concretezza e nell'azione, piuttosto che nell'autoanalisi. Difficile immaginarli impegnati a seguire il seminario di uno psicologo sui social o a trascorrere la serata leggendo un saggio.

Avevo un amico che corrispondeva esattamente a questa immagine. Michele era istinto allo stato puro, viveva seguendo i suoi impulsi, senza freni né filtri. Nei suoi Sé Autentici risaltavano prepotentemente il Sé Sessuale, il Sé Avventuriero e il Sé Guerriero, un connubio che gli ha portato una generosa dose di problemi. Collezionava infatuazioni lampo, spesso più di una alla volta. Quando aveva una relazione, entrava in simbiosi con la fidanzata di turno, viveva solo per lei, non riusciva a ritagliarsi tempo nemmeno per vedere gli amici più cari. Ma poi, puntualmente, dopo sei mesi di idillio – sempre sei, incredibile! –, si innamorava di un'altra, finiva per tradire la compagna e, immancabilmente, veniva scoperto. A quel punto, lei lo lasciava e lui precipitava in un vortice di disperazione, ed era allora che veniva a bussare alla mia porta.

«Perché non mi richiama?» mi chiedeva, tormentato.

«Forse perché l'hai tradita?» rispondevo.

«Sì, ma io sto male!» ribatteva.

«Capisco, ma è normale che non voglia sentirti.»

«Sì, ma secondo te c'è speranza?»

E andava avanti così, una spirale di «Sì, ma» e «Sì, però» che sembrava impossibile da arginare. Provavo a calmarlo, a farlo riflettere, a fargli notare che le sue storie avevano tutte lo stesso andamento e che questa non poteva certo essere una coincidenza. I miei tentativi di riportarlo alla ragione si scontravano con la sua insofferenza al pensiero e all'inazione. Viveva nel qui e ora, incapace di fermarsi e ascoltare il suo Sé Spirituale.

Michele amava correre come me, e spesso approfittavo dei nostri allenamenti insieme per parlargli. Tuttavia, nemmeno in quelle occasioni riuscivo a catturare la sua attenzione. Le mie parole si perdevano nel vento, lui continuava a correre imperterrito per la sua strada. Potevo solo sperare che un giorno Michele sarebbe riuscito a spezzare il circolo vizioso di cui era prigioniero.

Le storie di Pietro e Michele sono agli antipodi. Pietro, troppo ancorato alla riflessione, ha dovuto imparare a calarsi nella realtà concreta; Michele, refrattario all'introspezione, avrebbe beneficiato di un maggiore contatto con il suo Sé Spirituale. Entrambi i casi evidenziano l'importanza di trovare un equilibrio tra introspezione e azione, tra profondità e concretezza, per vivere una vita piena e armoniosa.

E dunque siamo giunti al nucleo centrale della questione: come possiamo fare in modo che il nostro Sé Spirituale torni a farsi sentire? Come ridargli voce? Un buono spunto per cominciare è assecondare i momenti di luce, cercare la pace nei nostri luoghi speciali e, per quanto possibile, opporre ai "pensieri vicolo cieco" nuovi pensieri più ampi. È così che ho lavorato con Milena, una paziente di trentaquattro anni.

Milena è sempre stata una donna molto inquadrata, solida, una di quelle persone che procedono nella vita a un passo fermo e costante, forse troppo. Finché è arrivato Paolo, e la sua vita ha preso un ritmo tutto nuovo, un'accelerazione improvvisa che – parole sue – le fece perdere il controllo. Frequentavano lo stesso corso di pilates. La storia era cominciata sommessamente: un caffè al bar, due chiacchiere dopo la lezione, nulla di insolito. Poi avevano scoperto di avere qualcosa in comune: erano entrambi musicisti. Ma Paolo era un pianista di professione, mentre Milena aveva abbandonato il Conservatorio e lo studio del violino quando era rimasta incinta. Alla carriera da orchestrale aveva preferito la famiglia, per la gioia dei suoi ansiosi genitori e di suo marito, che preferiva saperla al sicuro tra le mura di casa piuttosto che a dare concerti in giro per il mondo. Ogni desiderio di affermarsi come donna prima che come madre e moglie si era spento lentamente, non diversamente dalle fotografie che sbiadiscono anno dopo anno.

Paolo, però, cominciò a risvegliare la sua passione seppellita sotto anni di routine domestica e responsabilità famigliari. «Perché mai hai abbandonato la musica?» le domandava. «Noi musicisti non possiamo vivere senza, sarebbe la nostra morte interiore. Devi riprendere a studiare, anche solo per tuo diletto.» E così un caffè dopo l'altro, un sorriso dopo l'altro, Milena finì per innamorarsi. Un evento tanto sconvolgente e inconcepibile nel suo ordine mentale che subito decise di rivolgersi a uno psicologo.

Fu così che cominciò a frequentare il mio studio e ad aprirmi il suo cuore. Paolo, mi spiegò, si era ormai conquistato uno spazio importante nella sua vita. Si vedevano regolarmente, si sentivano al telefono. Quando uno leggeva un libro o ascoltava un brano interessante, sentiva subito la necessità di scrivere all'altra per commentarlo, e viceversa. C'era solo un piccolo particolare che stonava nel racconto di Milena: tra lei e Paolo non c'era stato neppure un bacio. Da single convinto, forse per prudenza, forse per altro, Paolo non aveva mai fatto il primo passo. Eppure, giorno dopo giorno, Milena aspettava, fiduciosa che prima o poi il grande momento sarebbe arrivato. Nel frattempo, sull'onda dell'entusiasmo, aveva preso una decisione inimmaginabile fino a poco tempo prima: aveva riesumato il violino dalla cantina e ricominciato a esercitarsi in casa quando era sola. Al marito non aveva detto nulla.

«Provi ancora amore per tuo marito?» le chiesi un giorno, convinto di ricevere una risposta negativa. Del resto, la sua mente ormai sembrava proiettata fuori dal matrimonio.

E invece Milena mi sorprese: «Non posso dire di non amarlo. È una persona buona, condividiamo tante passioni e, nonostante tutto, abbiamo ancora una buona intesa fisica. Però…».

Però lui sembrava riconoscere solo una parte della personalità di Milena, quella che amava la famiglia, che provava piacere nel dedicarsi alla casa, e lei non aveva mai trovato la forza di affermare che c'era anche altro. Prima che

Paolo entrasse nella sua vita, i suoi pensieri erano vicoli ciechi: "Perché mio marito non crede in me?", "Perché non vede che ho delle ambizioni?", "Perché i miei genitori non mi sostengono?". Tutte domande rimaste senza risposta.

Milena aveva cercato invano l'approvazione dei suoi famigliari, ma alla fine si era rassegnata e aveva riposto i suoi sogni in un cassetto. E così, alcune parti vitali della sua personalità si erano atrofizzate: il Sé Attivista e il Sé Potere, le componenti che avrebbero dovuto spingerla a realizzarsi anche al di fuori delle mura domestiche; il Sé Spirituale, ossia la capacità di introspezione, che le avrebbe permesso di riconoscere i suoi bisogni primari; e infine il Sé Guerriero, la parte che avrebbe dovuto proteggerla, difendendo i suoi desideri e spronandola a prendere decisioni che rimandava da troppo tempo. Per ironia della sorte, tutte le voci che in lei erano rimaste inascoltate sembravano aver trovato un'incarnazione in Paolo: ecco il vero motivo per cui ne era affascinata.

Milena ammirava Paolo per il suo carisma e la sua ambizione, perché sembrava non mettersi limiti, attribuendo alla musica e alla propria carriera la massima priorità. Paolo era tutto ciò che lei avrebbe voluto essere.

Dopo aver analizzato insieme a Milena le dinamiche della sua relazione con Paolo, le feci due domande. Cosa avrebbe fatto se Paolo avesse smesso di spronarla, di credere in lei? L'avrebbe amato ugualmente, oppure qualcosa nei suoi sentimenti sarebbe cambiato? La invitai in sostanza ad allargare l'orizzonte dei suoi pensieri, ad affiancare ai pensieri a vicolo cieco quelli che definisco "pensieri a cielo aperto".

«Perché ho così bisogno di questa persona?»

«Da dove nasce questo bisogno?»

«È normale sentire questa mancanza?»

«Quando l'ho provata in passato?»

Queste domande non offrono risposte immediate, ma ci avvicinano a una verità più profonda che non troveremo in nessun decalogo di soluzioni facili. I pensieri a cielo aperto sono introspettivi: a differenza dei pensieri a vicolo cieco, ci spingono a guardare dentro noi stessi. Hanno una forza centripeta che dal caos esterno ci riporta verso il nostro nucleo interno. Hanno la capacità di risvegliare il nostro Sé Spirituale, di metterci in contatto con la voce del Saggio.

Seduta dopo seduta, Milena si rese conto che la responsabilità di prendersi cura della sua vita spettava solo a lei e che non aveva bisogno di un salvatore che le tenesse la mano. Con una dose di coraggio che non aveva mai sospettato di possedere, decise di aprirsi al marito. Gli raccontò delle sue ambizioni, del violino rispolverato dopo anni, e per la prima volta espresse il desiderio di riprendere gli studi per diventare musicista. La reazione del marito la colse di sorpresa: anziché scoraggiarla, come temeva, le offrì subito il suo sostegno. Le disse che, se la musica era il suo sogno, era giusto che tornasse al Conservatorio, che sarebbe stato felice di avere una moglie musicista. Milena quasi non credeva alle proprie orecchie: l'alleato che aveva cercato per tanto tempo era sempre stato al suo fianco; era stato sufficiente interpellarlo per ottenerne il sostegno.

E così, in modo quasi naturale, l'infatuazione per Paolo si dissolse: non era più il suo faro, era una figura gentile, una presenza che le aveva insegnato qualcosa di importante, ma che ormai non aveva più potere su di lei.

Milena è riuscita a riemergere dall'impasse in cui si era incagliata recuperando il contatto con il suo Sé Spirituale. Ha capito che l'attrazione che provava per Paolo era alimentata dalle sue dinamiche interiori più che da un vero sentimento. È questo uno dei doni del Sé Spirituale: quello di aiutarci a riconoscere i personaggi del nostro teatro interiore.

Per dargli voce, dobbiamo iniziare a immaginarci liberi, prendere le distanze da chi ci sta intorno per concentrarci su noi stessi così da lasciare spazio ai pensieri a cielo aperto. Da principio la sua voce potrà apparirci fragile, quasi un miraggio: un'oasi in mezzo a un deserto di abitudini e paure. Eppure, se coltiveremo i pensieri a cielo aperto, la voce del Sé Spirituale diventerà sempre più forte e concreta, fino a sfogare l'energia rimasta prigioniera dei vicoli ciechi della nostra mente. Intravedremo, allora, scenari futuri che non osavamo immaginare, possibilità che erano nascoste dietro la paura di rimanere soli o di affrontare la tristezza. Più ci concederemo di esplorare questi scenari, più sentiremo l'energia crescere, come una forza nuova che riaccenderà l'autostima e la volontà di cambiamento.

È un processo delicato, come un germoglio che sbuca dal terreno dopo un lungo inverno e che porta con sé una promessa: la possibilità di vivere, finalmente, una vita allineata con ciò che siamo veramente.

Da un altro punto di vista, il risveglio del Sé Spirituale è ciò che mette fine al caos. Vivere in balia delle emozioni provoca una grande dispersione di energia. Quando ci comportiamo in modo irrazionale, senza indagarne le ragioni, quando, in una relazione, perdoniamo l'imperdonabile oppure ci accontentiamo di briciole di attenzione, ci priviamo di energia vitale e mettiamo a rischio la nostra autostima. Il primo passo, dunque, è scavare sotto la superficie delle nostre contraddizioni: quali motivazioni ci hanno portato alla crisi? Quali maschere abbiamo indossato nel tempo? Quali Sé Autentici abbiamo ignorato o addirittura rinnegato? Solo comprendendo il passato possiamo raccogliere l'energia necessaria per generare pensieri evolutivi.

Tuttavia non è detto che il risveglio spirituale sia sufficiente. A volte non riusciamo a fare il passo decisivo, come è accaduto a Milena. Spesso c'è ancora un elemento che manca, una scintilla, una spinta interiore che ci trascini fuori dal limbo, una sorta di coraggio attivo, una volontà che sappia ribaltare la stasi e proiettarci in avanti. Spesso, l'avvento di questa spinta interiore – difficile da evocare, ma indispensabile – segna la differenza tra un cambiamento solo immaginato e uno realizzato.

> *Tutte le persone incontrate nella vita che hanno un potere di fascinazione su di noi sono in realtà parti scisse di noi stessi che abbiamo rimosso e che ci sono riportate indietro. Quindi, se preferiamo non farci ingannare dalle nostre stesse illusioni, dovremo analizzare accuratamente ogni forma di fascinazione per ricavarne, come quintessenza, un frammento della nostra personalità, e ci renderemo a poco a poco conto che, lungo il cammino della vita, non facciamo che incontrare sempre di nuovo noi stessi, sotto mille travestimenti.*
>
> Carl Gustav Jung

Il Guerriero

Il punto di rottura è la tempesta
che squarcia il cielo sereno,
il momento in cui il mare infrange
le sue pesanti onde contro gli scogli,
incapace di tornare indietro
nella quiete della baia.
Superato quel punto,
le promesse si fanno miraggi,
illusioni,
messaggi scritti sulla sabbia
che il mare porta via
per sempre.

Franco aveva le chiavi dell'appartamento di Viola da ben quattro anni. Finalmente, avrebbero fatto il grande passo e sarebbero andati a vivere insieme, mancava solo il trasloco. Quella sera non era previsto che si vedessero, ma Franco decise di farle una sorpresa. Uscì prima dal lavoro, fece un salto al supermercato e comprò tutti gli ingredienti necessari per cucinare la paella, il piatto preferito di Viola. Subito dopo si mise in macchina. Imbottigliato nel traffico, immaginava già il sorriso di lei quando l'avrebbe visto arrivare.

Al citofono non rispose nessuno. Doveva essere ancora guasto. Bussò alla porta, ma niente. "Forse è uscita" pensò Franco, infilando le chiavi nella serratura. All'interno, infatti, la casa era buia e silenziosa. Ma dalla porta della camera da letto filtrava uno spiraglio di luce debole e un bisbiglio sommesso.

Quando Franco mi raccontò questa scena, durante una delle nostre sedute, mi sembrò di viverla in prima persona. Parlava a voce bassa, gli occhi rivolti al pavimento, il corpo infossato nella poltrona, come se il peso di quelle parole lo schiacciasse. Una frase in particolare mi rimase impressa: «Non saprei dire perché sono rimasto in silenzio. Ma, alla luce di ciò che è accaduto in seguito, mi sembra la cosa più importante che ho fatto».

Franco non entrò nella camera di Viola. Rimase in ascolto, inchiodato alla soglia. Lei era al telefono. Non ci volle molto per capire con chi.

«No, lui non ha idea di cosa c'è tra noi… Stai tranquillo, gli parlerò presto. Te l'ho promesso. Questa volta lo faccio davvero. Lo sai cosa voglio… te l'ho dimostrato.»

A quel punto, Franco si sentì come pietrificato. Non poteva accettare ciò che stava ascoltando, anche se una parte di lui comprendeva perfettamente. Come un automa, entrò nella stanza. Viola, sorpresa, abbassò in fretta il telefono.

«Ciao, amore… Che cosa ci fai qui? Non ti ho sentito entrare…»

«Da quanto va avanti?»

E a quel punto, mi riferì Franco, accadde qualcosa di strano: non ci fu alcun litigio. Lui rimase in silenzio, un silenzio colmo di impotenza. Viola tentò di negare, ma i suoi occhi presto si riempirono di lacrime. Alla fine, con voce spezzata, confessò: aveva una relazione con un cliente della sua azienda.

Dopo, tutto avvenne rapidamente. Mentre Viola piangeva e lo implorava di non lasciarla, Franco se ne andò senza chiedere altro. La sua copia delle chiavi dell'appartamento rimase sul tavolo.

Franco aveva raggiunto il punto di rottura o, se preferisci, il punto di non ritorno, quel limite invisibile, eppure essenziale, che tutti dovremmo stabilire. È un sistema di allarme del nostro orgoglio che, quando il culmine è stato superato, entra in azione per impedirci di diventare un tappetino su cui chiunque possa pulirsi i piedi. Il punto di rottura arriva quando non c'è più niente da dire, quando le parole si esauriscono e ci rendiamo conto che non avrebbe più senso perdonare, anche se il partner, magicamente, fosse pronto a cambiare. Perché? Perché è accaduto qualcosa di definitivo, di irreversibile, e ignorare la realtà sarebbe un tradimento verso noi stessi.

Franco si era trovato esattamente in questa situazione. Ciò che aveva sentito lo aveva spinto oltre : in un attimo, la prospettiva di una vita con Viola si era sgretolata, lasciando solo un senso di vuoto definitivo. Franco percepiva con chiarezza che non c'era modo di rimettere insieme i pezzi, che nessuna promessa di felicità, per quanto allettante, poteva riportarlo indietro.

Il punto di rottura è giurisdizione del Guerriero, la voce decisa e inflessibile che ognuno di noi ospita nel proprio teatro interiore. È l'impulso che ci sprona a difendere i nostri confini, a ricordarci che abbiamo una dignità e un senso dell'onore che non sono negoziabili. Quando il guerriero interiore si sveglia, avvertiamo una consapevolezza improvvisa e potente: la nostra identità non è in vendita. Siamo pronti a ribellarci. La forza del Guerriero è così grande che può spingerci a ignorare ogni conseguenza; persino la solitudine, di colpo, non fa più paura.

Il mio punto di rottura è la cattiveria, quella gratuita, ingiustificabile, rivolta a chi è più debole. Può presentarsi sotto forma di tradimento, di ingiustizia, di vendetta, o anche di una semplice bugia.

Ricordo un episodio in adolescenza che ancora oggi mi provoca una fitta allo stomaco. La mia ragazza di allora si vedeva di nascosto con un mio amico, e io lo scoprii nel peggiore dei modi: leggendo i messaggi che si scambiavano. La cosa andava avanti da un po'. Nessuno dei due aveva mai pensato di dirmi la verità. Fu un momento angosciante, quasi irreale; sentii tutta la violenza del tradimento e dell'inganno. Non volli più avere niente a che fare con nessuno dei due. Non feci nessuna scenata, non chiesi nessun chiarimento. Decisi semplicemente di allontanarmi. Qualche anno dopo mi trasferii in un'altra città per studiare. Il motivo principale era l'università, ma credo che nel profondo avessi bisogno di allontanarmi in maniera definitiva da quel ricordo.

LUCI E OMBRE DEL GUERRIERO

Alcune persone hanno un Sé Guerriero particolarmente dominante: individui che non evitano il conflitto, che parlano chiaro, talvolta con una schiettezza che appare spiazzante. Sono quelli che rimangono al telefono ore pur di ottenere un rimborso da un'azienda, che pestano i piedi quando subiscono un torto, che fanno la prima mossa per chiedere un appuntamento, che competono con grinta nello sport, nel lavoro e persino nelle amicizie.

Il marito di una mia paziente, Giulia, esultava come un ragazzino ogni volta che batteva il figlio – lui sì, un bambino – alla PlayStation. «Possibile che si comporti così?» sospirava Giulia, esasperata, durante le nostre sedute. «È il Sé Guerriero» le rispondevo io.

Quando è ben integrato e guidato dalla saggezza del Sé Spirituale, è una risorsa preziosa: ci infonde il coraggio necessario per prendere decisioni difficili, per difendere ciò che conta per noi, per affrontare i cambiamenti con determinazione, senza esserne sopraffatti.

Tuttavia, come ogni elemento del nostro teatro interiore, anche il Sé Guerriero ha un lato oscuro. Se agisce in modo autonomo, senza la mediazione di altre componenti più riflessive, può scatenare comportamenti impulsivi e infantili, come nel caso del marito di Giulia, e perfino distruttivi. Quando, per esempio, si allea con il Sé Giudice, che alimenta la rabbia ed elude le responsabilità personali, può dare luogo a vendetta o ritorsioni.

È ciò che accadde a Mirko, un paziente che cominciò a manifestare comportamenti persecutori nei confronti dell'ex compagna Luisa. Dopo mesi di relazione turbolenta, Luisa aveva preso la decisione di troncare. Mirko, che era sempre stato animato da un Sé Guerriero molto forte, reagì cercando di riconquistarla, ma di fronte al suo netto rifiuto, divenne ossessivo.

«Non può trattarmi così, è ingiusta!» ripeteva il suo Sé Giudice, mentre il Guerriero dentro di lui meditava di fare giustizia.

Ignorando le mie raccomandazioni, Mirko prese a subissare Luisa di messaggi a ogni ora del giorno, alternando suppliche a offese velate. Non contento, iniziò a seguirla. Per giustificare il suo comportamento si diceva che Luisa non era "in sé" e che qualcuno doveva pur farla "ragionare". Mesi dopo, quando Luisa cominciò a uscire con un altro uomo, il suo Sé Guerriero prese il controllo: Mirko rigò la carrozzeria dell'auto dell'ex compagna e le inviò messaggi carichi di offese non più tanto velate.

Per fortuna, con il tempo, la terapia cominciò a dare i suoi frutti. Lavorammo a fondo finché Mirko non riuscì riconoscere la voce del Sé Giudice, che amplificava la sua rabbia, e del Sé Guerriero, che tendeva a prendere il controllo. Lentamente comprese che l'insistenza con cui cercava di riconquistare Luisa non era che un tentativo di sfuggire al dolore del rifiuto e di mascherare la propria vulnerabilità. Solo allora poté iniziare un percorso di crescita interiore e restituire al Sé Spirituale il ruolo di guida del suo teatro interiore.

Tuttavia ci sono situazioni in cui il punto di rottura sembra non arrivare mai. Il Sé Guerriero è una delle voci più preziose che abbiamo, ma non è sempre facile sintonizzarsi sul suo canale, soprattutto se ci troviamo coinvolti in un amore intenso e doloroso. Sovrastato dalla voce del Sé Amore ferito, il Sé Guerriero tende allora a restare in silenzio o intrappolato nei lamenti dei Sé appena riscoperti. Il dolore, soprattutto se legato alla paura della perdita, ha una voce potente, capace di coprire, almeno inizialmente, il richiamo della dignità. E così il timore di rimanere soli soffoca il grido fiero del Guerriero, e ci ritroviamo a piangere e a pregare che qualcuno torni da noi, anche se ci ha feriti.

Era questa la condizione tormentata in cui si trovava Marta, una mia paziente. «Cosa dovrebbe accadere di così eclatante da convincerti a lasciare il tuo compagno?» le domandai.

Da tempo ormai Marta sentiva che Fabio, l'uomo con cui conviveva da un paio di anni, non era più coinvolto. A dire il vero era proprio assente: a casa non si faceva vedere quasi mai, se non per tornare a dormire.

«Il tradimento» rispose Marta, senza la minima ombra di dubbio. «Se mai dovessi scoprire che il mio compagno ha una semplice frequentazione con un'altra donna, lo caccerei immediatamente di casa.»

La prova del nove arrivò sei mesi dopo. Appena scoperto il tradimento, Marta tenne fede ai suoi propositi e invitò Fabio a lasciare il loro appartamento. Solo pochi giorni dopo, tuttavia, la sua risolutezza venne meno. Fabio si scusò dicendo che era stato solo un errore, la implorò di perdonarlo e, alla fine, Marta lo riaccolse in casa.

Il punto di rottura di Marta, dunque, non era il tradimento. Quello era uno spauracchio, una sorta di spettro che temeva di dover affrontare, non la soglia che definiva l'intollerabile. Non è così scontato, infatti, conoscere il proprio punto di rottura. Tempo fa ho tenuto una diretta su Instagram proprio su questo tema. Qualche giorno prima avevo lanciato una domanda molto semplice ai miei follower per raccogliere le loro opinioni: «Quale ritieni sia il tuo punto di rottura in una relazione? Cosa ti spingerebbe a troncare il rapporto senza alcuna ombra di dubbio?». Ho ricevuto circa mille risposte. Ecco, sommariamente, le più ricorrenti:

«Romperei senza dubbio la mia relazione se mi accorgessi di essere invisibile per il mio partner»;

«Se il mio partner mi tradisse»;

«Se perdessi fiducia nel partner»;

«Se il mio partner si comportasse in modo incoerente»;

«Se mi sminuisse»;

«Se si dimostrasse assente e non si impegnasse nella relazione»;

«Se mi raccontasse bugie»;

«Se mi trattasse con indifferenza»;

«Se mi mancasse di rispetto»;

«Se perdessi la stima nei suoi confronti».

Sono risposte giocoforza sintetiche e semplificatorie (Instagram purtroppo non ha ancora previsto la modalità "saggio breve"), ma offrono comunque svariati spunti di riflessione.

Prendiamo, per esempio, il tema dell'incoerenza: pensiamo davvero che sia un motivo sufficiente per troncare una relazione? Non è piuttosto solo una delle tante mancanze che non sopportiamo nel partner, sicuramente più seria dei calzini abbandonanti sul pavimento, ma non così grave da spingerci a mandare tutto all'aria. Non è piuttosto un autoinganno per convincerci di avere dei limiti, almeno in teoria? Diciamo di non poter tollerare certe cose, ma il più delle volte ciò che identifichiamo come punto di rottura è solo un'illusione, il tentativo di mettere confini alle nostre inquietudini latenti. Di convincerci di essere irremovibili.

Invece è fondamentale conoscere il proprio punto di rottura, perché ci permette di focalizzare il valore della nostra dignità, di stabilire una linea di demarcazione oltre la quale, se decidessimo di soprassedere, rischieremmo di perdere non solo il rispetto dell'altro, ma anche il rispetto per noi stessi (e questa sarebbe la vera tragedia).

Stabilire il proprio punto di rottura è anche un modo per risvegliare il Sé Guerriero. Quando ci troviamo immersi in un amore catartico o in una relazione che ci consuma, affidarsi al Sé Spirituale non è sufficiente. Certamente è utile capire *perché* ci sentiamo intrappolati, ma senza il sostegno del Sé Guerriero finiamo per assomigliare più a dei pacifici obiettori di coscienza che a dei gladiatori pronti a lottare per la propria libertà.

Serve una scossa, delle domande scomode, dirette, le stesse che ho rivolto a Marta e a un'altra mia paziente, Susanna.

«Cosa dovrebbe accadere di così eclatante per permetterti di staccarti da lui?» le chiesi.

Da ben due anni, Susanna aveva una relazione con Guido, che non faceva quasi nulla per nascondere il suo disinteresse. Non le rivolgeva mai un gesto di affetto, mai un bacio, una carezza. L'unico luogo in cui cercava il contatto fisico era la camera da letto. Ciononostante, Susanna dichiarava che l'intesa tra loro era perfetta. Era intrappolata in un'alchimia da rinnegamento legata alla sessualità. Mai prima di allora si era sentita così libera, e il solo pensiero di perdere quella sensazione la faceva sprofondare in un abisso di tristezza.

Prima di porle la domanda cruciale, le avevo chiesto di fare un elenco di tutti i comportamenti irrispettosi di Guido, le piccole o grandi mancanze su cui, nonostante si sentisse ferita, aveva scelto di soprassedere.

Ogni volta che facevamo una seduta, la lista era sempre lì davanti a noi, come un romanzo in nuce sulle pene d'amore:

- il primo anno che stavamo insieme ha dimenticato il mio compleanno;
- l'anno successivo mi ha lasciata da sola per andare a cena con un amico. Ha detto che dovevano parlare di una "cosa importante";
- a un certo punto è sparito del tutto per tre mesi, era irreperibile anche al telefono. La spiegazione che mi ha dato al ritorno? Doveva stare accanto al fratello, che era stato lasciato dalla moglie;
- non mi ha mai fatto un complimento. Quando glielo facevo notare, rispondeva che era troppo timido;
- una volta gli ho organizzato una festa di compleanno a sorpresa; si è arrabbiato e ha messo il muso con me e con tutti gli invitati;
- si rifiuta di uscire con i miei amici; nelle rare occasioni in cui accetta, mi mette in imbarazzo con battute fuori luogo;

- un giorno ho trovato nel suo telefono messaggi espliciti con la sua ex. Quando gliene ho parlato, lui si è arrabbiato. Ha detto che avevo invaso la sua privacy e io, puntualmente, mi sono sentita in colpa.

Quella lista era agghiacciante. Eppure, malgrado tutto, Susanna aveva trovato ogni volta una giustificazione o un pretesto per restare, perché l'amore catartico ha una forza magnetica che può spegnere la nostra capacità di discernimento. E quando il Sé Guerriero dorme, ogni speranza sembra una ragione sufficiente per rimanere. Forse, però, anche per Susanna stava arrivando il momento del risveglio.

Il giorno della domanda fatidica, non rispose subito. Il suo sguardo prese a vagare per la stanza, come se cercasse una via d'uscita. Nei suoi occhi si leggeva una paura sottile. Infine si decise: «Forse... se mi dicesse chiaramente che non mi ama e che non si immagina un futuro con me, allora credo che riuscirei a lasciarlo».

Apprezzai quella risposta. Non aveva tirato fuori, come spesso accade, la classica carta del tradimento, magari perché aveva già chiuso gli occhi innumerevoli volte sulle "distrazioni" di Guido. Concordai con lei che quello fosse un suo reale punto di rottura. Un inizio. Sapevo però che c'era dell'altro. Nessuno di noi ha un solo, preciso punto di rottura; ne abbiamo diversi, come trappole nascoste lungo il percorso.

«Dimmi, Susanna» continuai, «Guido dovrebbe proprio dirtelo in faccia che non ti ama, o potresti accorgertene da alcuni precisi comportamenti?»

Domande come questa ci costringono a guardare oltre le paure per esplorare scenari che mai vorremmo immaginare. La paura è una modalità di protezione della mente, una specie di blocco automatico che ci impedisce di affrontare certe sfide con noi stessi. Susanna prese molto sul serio la mia domanda. Individuò una serie di comportamenti e di circostanze che avrebbero potuto indurla a lasciare Guido. Ecco alcuni esempi:

- se dovessi scoprire un tradimento inequivocabile e innegabile;
- se mi dirà ancora che ha bisogno di spazio;
- se mi dovesse proporre di fare le vacanze separati;
- se entro due mesi non mi avrà presentata ai suoi amici più stretti;
- se dovesse esprimere apertamente il desiderio di stare con altre donne;
- se le sue bugie diventassero troppo sfacciate, quasi offensive;
- se cominciasse a criticare il mio aspetto, il modo di parlare, i miei interessi;
- se dovesse smettere di dirmi «Ti amo».

Alla fine della seduta, quando le feci rileggere la lista che lei stessa aveva compilato, Susanna sembrava stremata. Tuttavia, era anche animata da una nuova consapevolezza: i pensieri che aveva scritto nero su bianco erano rimasti per molto tempo sepolti in qualche angolo polveroso della sua mente, ma ora che li aveva scovati avevano ritrovato forza e nitidezza. Era stata come un'operazione di pulizia interiore: aveva scavato, spolverato, riordinato, e alla fine si era accorta di essere più forte di quanto credesse, o perlomeno più determinata.

Sembrava aver ritrovato finalmente il contatto con la

sua parte guerriera. Naturalmente, quello era solo il primo passo: d'ora in avanti avrebbe dovuto "testare la coerenza dei punti di rottura", un modo di dire di noi psicologi. In altre parole, avrebbe dovuto verificare che i limiti che aveva tracciato non fossero illusori, meri tentativi di autoconvincersi che fosse tutto sotto controllo, bensì una prospettiva concreta.

È una fase insidiosa, spesso costellata da scivoloni. Sapevo che un semplice incontro con Guido avrebbe potuto scatenare una tempesta emotiva capace di farle dimenticare in un attimo tutti i suoi propositi. Eppure, Susanna non inciampò. Quando la rividi, mi raccontò che aveva riflettuto a lungo sui punti di rottura che lei stessa aveva identificato. Aveva, per esempio, attribuito un punteggio a ogni voce, valutandone la gravità da zero a dieci. Era un gesto piccolo, ma significativo. E, soprattutto, aveva cominciato a pesare con lucidità l'impatto dei comportamenti di Guido.

«Mi sono resa conto di essere molto cambiata da quando sto con lui. Il mio umore dipende dal suo... Ho perso interesse per le mie passioni. Ho paura di quello che potrebbe succedermi se la nostra storia non avesse un'evoluzione positiva, o se addirittura le cose peggiorassero...»

L'abitudine al dolore è un meccanismo di difesa naturale: il cervello si adatta al dolore per renderlo più sopportabile, specie se percepisce che non c'è via d'uscita. In amore questo meccanismo può diventare pericoloso: se ci abituiamo a sopportare dinamiche disfunzionali, finiremo per accettarle e quindi considerarle normali. Susanna era così coinvolta a livello sessuale nella relazione con Guido che fino a quel momento aveva trascurato aspetti problematici.

Per la prima volta, però, aveva riconosciuto i cosiddetti "segnali di logoramento", sintomi che indicavano che la relazione con Guido stava erodendo la sua energia vitale. Riconoscere questi segnali con tempestività è la chiave per aiutarci a uscire da una relazione tossica, risparmiandoci sofferenze inutili. Tra i più ricorrenti troviamo:

- la perdita di entusiasmo verso cose che un tempo ci appassionavano e che, con il perdurare della relazione, possono diventare indifferenti o perfino pesanti;
- la stanchezza da impotenza, che ci porta ad aggirare i problemi e ci spinge a rinunciare e ad abbassare l'asticella. «Tanto» ci diciamo «è fatto così... Non cambierà mai»;
- la ricerca ossessiva di attività, come lo sport e il lavoro, in cui rifugiarsi per evitare il confronto con il partner e con se stessi;
- la perdita di energia vitale, che si manifesta con apatia, insicurezza e ansia;
- una sorta di lunaticità interna, ossia una tensione interiore costante, una spinta autocritica che può portarci perfino a disprezzare noi stessi;
- una tendenza a estraniarci, a fissare spesso il vuoto, a dimenticare appuntamenti o attività importanti.

Riconoscere questi sintomi è essenziale per spezzare il ciclo. Non basta accettarli come parte della normalità di una relazione: occorre affrontarli e prendere delle misure adeguate. Per lungo tempo, Susanna li aveva ignorati, ma ora il Sé Spirituale e il Sé Guerriero erano tornati in gioco. Definendo con chiarezza i propri punti di rottura, aveva recuperato la giusta dose di lucidità e la determinazione per reagire.

Dopo quella seduta, fissammo un appuntamento di lì a un mese, dopo le vacanze estive; quando la rividi, però, ebbi la sensazione che fosse passato un anno dal nostro ultimo incontro.

Aveva un'espressione sofferta, ma determinata.

«Ho lasciato Guido» mi annunciò Susanna. «È successo due settimane fa.»

Non era stato un passo facile, mi spiegò – gli occhi cerchiati e il viso smagrito lo confermavano –, ma questa volta non sarebbe tornata indietro. «Non si tratta di un semplice ultimatum o di una minaccia sterile, è una decisione definitiva.»

La goccia che aveva fatto traboccare il vaso erano state proprio le vacanze. Con la leggerezza di chi si sente il centro dell'universo, Guido aveva promesso a due amici di partire con loro per Mykonos. Non solo aveva preso questa decisione senza consultarla: Susanna ne era venuta a conoscenza per vie traverse, come se nella vita di Guido avesse avuto un ruolo secondario, come se fosse stata un accessorio che si può dimenticare su una mensola.

Quando lo aveva affrontato, lui si era affrettato a minimizzare con la grazia di un elefante in una cristalleria. «Pensavo comunque di fare una vacanza con te» le aveva detto mansueto. «Magari potremmo andare un weekend in montagna!»

La toppa era peggiore del buco, perché oltre a suonare come un contentino, trascurava un dettaglio essenziale: lei odiava la montagna. Fu proprio quel particolare a far esplodere la sua rabbia. Era l'ennesima dimostrazione che in quella relazione lei era stata messa in secondo piano. Allora Susanna aveva deciso che no, non avrebbe più accettato di essere il piano B di nessuno. «Tra noi è finita» gli disse, brusca.

Naturalmente Guido non la prese sul serio. Non si era accorto che negli ultimi tempi Susanna era cambiata, che qualcosa in lei si era risvegliato. Era sicuro di poterla manovrare a suo piacimento. «Dai, smettila… Se la metti così, rinuncio alla vacanza con gli amici. Andiamo al mare io e te da qualche parte.»

Ma ormai era troppo tardi. Con calma e risolutezza, Susanna scosse il capo. «Mi spiace, ma non mi interessa più.»

Fu allora che Guido, ferito nell'orgoglio e sicuro di esercitare ancora un ascendente su di lei, la mise di fronte al più prevedibile degli aut aut: «Se esci da quella porta, non potrai più rientrare». Non sapeva, l'ingenuo, che quelle parole non avrebbero fatto altro che sobillare il Sé Guerriero di Susanna, che non solo si era risvegliato, ma era più vitale che mai. Susanna non batté ciglio, non alzò la voce, non replicò. Semplicemente, uscì.

Siamo portati a identificare il Sé Guerriero con una forza brutale o rabbiosa, ma in realtà il suo potere più benefico consiste nell'infonderci un'energia calma e determinata che ci permette di mantenere la nostra posizione anche sotto pressione. Il Sé Guerriero si porta dietro il senso di dignità e l'orgoglio personale; è come un'armatura invisibile che protegge il nostro valore intrinseco. Di fronte a questa nuova forza, minacce, ultimatum e altri espedienti ricattatori perdono la loro efficacia. Anzi, possono rafforzare la nostra determinazione.

La reazione di Susanna, infatti, non fu impulsiva né alimentata dalla paura; fu piuttosto una risposta matura, tipica di chi ha imparato a rispettare se stesso e a non accettare compromessi che minano la dignità. Non era più disposta a svendersi per paura della solitudine o per il timore di perdere un compagno che, in fondo, non aveva mai davvero tenuto a lei. In quel momento, Susanna non soltanto aveva lasciato Guido: aveva scelto se stessa. E all'origine di quella scelta c'era la forza del suo Sé Guerriero, che non aveva più intenzione di piegarsi.

Tuttavia, il viaggio di Susanna verso l'autonomia emotiva non era ancora giunto al termine. Nelle settimane successive, mentre resisteva con fermezza ai tentativi di riconciliazione di Guido – che ora si presentava come un agnellino pentito e implorava una seconda chance –, qualcosa in lei mutò. La determinazione e la calma lasciarono il posto a una rabbia mai provata prima, una furia che esplodeva ogni volta che lui cercava di riaffacciarsi nella sua vita. In quelle circostanze, Susanna non poteva fare a meno di riversargli addosso accuse, recriminazioni, perfino insulti: «Mi hai ingannata. Per te ho buttato via due anni della mia vita!». Guido, disorientato, continuava a recitare il ruolo del penitente, ma la rabbia di Susanna era ormai una tempesta fuori controllo.

Si tratta di un epilogo comune. Quando il Sé Guerriero ha completato il suo lavoro – tagliare i ponti e stabilire confini –, non sempre è disposto a riporre subito l'ascia di guerra. La sua energia combattiva trova un nuovo alleato nel Sé Giudice.

La radice di quella rabbia non risiedeva soltanto nel rancore per Guido. Susanna stava affrontando un dolore più profondo e sfaccettato che derivava da una mancanza. Il suo Sé Amore soffriva per il distacco e pretendeva altre risposte, un finale diverso, una possibilità di ricucire.

E il Sé Sessuale, l'unica dimensione in cui Guido le aveva regalato vera gioia, un'oasi in una relazione altrimenti arida, ora si sentiva abbandonato e per certi versi tradito. Queste voci di sofferenza non si spengono semplicemente con una decisione. Anzi, con il passare del tempo possono amplificarsi, alimentate proprio dal Sé Guerriero e dal Sé Giudice, che identificano un colpevole e trasformano il grido di sofferenza in un'accusa feroce.

Ecco perché accade spesso che, dopo una separazione, recriminazioni, dispetti e talvolta veri e propri atti di vendetta si susseguano come ondate di piena. Se mal gestita, la rabbia del Sé Guerriero può investire chiunque si ritrovi nel suo raggio d'azione. In questo processo, l'apporto del Sé Spirituale è cruciale: se riusciamo a trasformarlo in consapevolezza, il dolore può diventare un fertile terreno di crescita. Occorre tuttavia lasciare spazio alla nostra voce interiore più calma e profonda, l'unica capace di placare la rabbia del Guerriero e il furore accusatorio del Giudice.

Fu proprio questo il percorso verso cui cercai di instradare Susanna.

«Pensi che la tua storia con Guido sia stata completamente inutile?» le chiesi.

«Certo. Se non lo avessi incontrato, adesso non starei così male!» replicò lei.

Riconobbi la voce del Sé Guerriero, ma non mi arresi. «Capisco, ma sei sicura di non aver scoperto niente di te in tutto ciò?»

Seguì un lungo silenzio. Susanna sospirò, prendendosi del tempo per riflettere. Mi accorsi che lentamente stava abbassando le difese. Quando finalmente parlò, le sue parole non avevano più l'urgenza della rabbia, ma il peso della consapevolezza.

«In realtà... grazie a Guido ho scoperto una parte di me che non conoscevo» disse. «Prima di lui non mi ero resa conto di aver rinnegato la mia parte passionale. Mi accontentavo di legami che non mi facevano battere il cuore, come se andasse bene così. Ma con lui... tutto questo è cambiato. Anche se ora fa male, devo riconoscere che mi ha aperto gli occhi.»

Guido, con tutte le sue contraddizioni, aveva contribuito a far emergere una parte autentica e in precedenza sopita di Susanna. Questa presa di coscienza era la chiave per trasformare il dolore in crescita. Non si trattava più di recriminare o rimpiangere, ma di riconoscere il valore dell'esperienza e di integrarla nel suo percorso di crescita personale. E così, il Sé Spirituale aveva fatto il suo ingresso, trasformando la rabbia in gratitudine, la ferita in una lezione e il passato in un trampolino verso una vita più consapevole e completa.

Ora che il Sé Spirituale e il Sé Guerriero avevano compiuto la loro opera, Susanna era finalmente pronta per lasciarsi definitivamente alle spalle la storia con Guido e cominciare un nuovo percorso, forse ancora più delicato e complesso in quella che io chiamo "Terra di Mezzo".

La Terra di Mezzo è il territorio di transizione in cui ci si ritrova dopo la chiusura di una relazione importante. È come trovarsi su una zattera nel bel mezzo di un vasto oceano senza una rotta precisa, spinti dalle correnti della spontaneità, della provvisorietà e di un'istintualità nuova. È un terreno fertile di opportunità, è un'occasione unica per "risolversi", per imparare, cioè, a stare in piedi da soli.

Basta con le dipendenze, basta con le stampelle: è il momento di diventare autonomi e, soprattutto, di esprimere finalmente quei Sé che per troppo tempo abbiamo soffocato o espresso solo attraverso un'altra persona. Qui si impara a scegliere senza sentirsi costretti a compromessi svantaggiosi, abbandonando la vecchia tentazione di sacrificarsi solo per essere amati.

La Terra di Mezzo è un periodo di provvisorietà, di esperimenti e di piccoli tentativi, in cui il vero obiettivo è comprendere in che modo mantenere l'equilibrio senza l'ossessione di definire tutto o di controllare ogni dettaglio. Per attraversarla e uscirne davvero rinati, può essere utile l'intervento di un alleato insospettabile.

Il Folle

Quando cominciai a lavorare con Elena, mi colpì una frase che si era lasciata scappare senza pensarci troppo. Le avevo chiesto di descrivere il suo carattere e lei, con una sincerità disarmante, aveva risposto: «Sono espertissima ad accontentarmi del minimo». Una sintesi perfetta.

Non avevo mai incontrato una paziente con un Sé Compiacente così ingombrante. Elena viveva sintonizzata sulle frequenze dei bisogni altrui, e le sue esigenze erano solo un fastidioso rumore di sottofondo. Per lei esistevano solo il lavoro e la famiglia. Non c'era spazio per distrazioni. Quando le chiedevo perché non si concedesse una cena con le amiche di tanto in tanto e perché avesse abbandonato del tutto lo sport, mi rispondeva: «Ormai quell'epoca della mia vita è passata». Finché, dopo qualche mese dall'inizio della terapia, il suo matrimonio naufragò. Elena scoprì che il marito si vedeva con un'altra donna e, anche grazie al lavoro che stavamo facendo insieme, decise di lasciarlo.

Da tempo ormai non era più innamorata – ne aveva preso consapevolezza di recente – e per la prima volta si sentiva pronta a dare la precedenza ai propri bisogni.

Tuttavia, il giorno dell'udienza per la separazione, Elena era piuttosto scossa. Mi chiamò dal tribunale con una voce traballante e mi espose il suo "piano": intendeva chiedere un affido quasi esclusivo, voleva che i figli vivessero con lei stabilmente. Il motivo? Soprattutto il senso di colpa nei loro confronti, ma dietro c'era di più: aveva il terrore di restare sola. Non aveva amici, a parte quelli che condivideva con il suo ormai futuro ex marito. Le feci notare che si trattava di una mossa quantomeno affrettata, e che forse avrebbe dovuto prendersi del tempo per riflettere. Del resto, il marito sembrava propenso ad assecondare qualsiasi decisione. Alla fine, Elena si convinse.

La prima notte sola, senza i figli, le sembrò di sfiorare la follia. Si ritrovò a vagare da una stanza all'altra. All'improvviso la sua casa le appariva estranea: nel silenzio surreale delle stanze disabitate, si rese conto di aver dedicato ogni frammento della sua esistenza agli altri, come se quello fosse il suo unico valore. Adesso che era sola, senza nessuno a cui badare, il peso del vuoto era come un macigno. Quella notte non dormì e pianse a lungo, sconvolta da un senso di perdita che non riguardava solo il matrimonio, ma una parte di sé.

Nelle sedute successive, ci concentrammo sulla ripresa di Elena. Come poteva riappropriarsi del suo tempo? Come poteva costruirsi una vita autonoma e imparare a prendere decisioni per se stessa, piuttosto che per compiacere gli altri? Era un lavoro delicato, una vera e propria opera di autorieducazione. Elena, infatti, non era più in grado di riconoscere i suoi desideri. Cominciò senza un piano preciso, procedendo per tentativi. Si iscrisse in palestra, uscì qualche volta con gli amici di sua sorella e finalmente si decise ad accettare l'invito delle colleghe che si ritrovavano periodicamente insieme per una cena o un aperitivo.

Dopo circa quattro mesi, Elena era una donna nuova. Aveva riscoperto il valore dell'amicizia e delle risate. Si sentiva più in forma ed estroversa, e la sua femminilità era di nuovo vitale. I sensi di colpa verso i figli si erano attenuati, e persino i rapporti con l'ex marito si erano distesi. Poi, come spesso accade mentre si attraversa la Terra di Mezzo, Elena fu messa alla prova.

Conobbe Mattia nel modo più classico: durante una cena tra amici a cui non avrebbe dovuto partecipare. Quella sera, Elena aveva in programma una pizza e una serie tv a casa con i figli, ma all'ultimo momento il marito si era proposto di portare i bambini a vedere una partita di calcio. Elena si era perciò preparata in tutta fretta e aveva raggiunto gli amici al ristorante, dove aveva trovato posto accanto a Mattia, un uomo simpatico e brillante, separato e con due figli, proprio come lei. Parlarono e risero come se si conoscessero da una vita. Finirono per trascorrere insieme anche il weekend successivo.

«È stato tutto naturale, con lui» mi riferì Elena nel corso di una seduta. «Non ho mai riso così tanto con un uomo.»

Suo marito era una persona seria e prudente, che in ogni situazione vedeva solo i rischi e le potenziali criticità, e a lei era sempre toccato il compito di calmare e rassicurare. Con Mattia, invece, poteva esprimere il suo lato più spensierato. Inoltre, la sua sessualità – un'altra delle componenti che aveva represso nel matrimonio – era inaspettatamente sbocciata. Con timidezza e imbarazzo, Elena mi confidò che si sentiva un po' insicura e inadeguata, perché fino ad allora aveva avuto un solo uomo. Ciononostante, era curiosa di esplorare questo lato di sé di cui non aveva mai nemmeno sospettato l'esistenza.

Quello fu un periodo di pura gioia: Elena aveva nuovi amici, una nuova frequentazione e un'indipendenza mai sperimentata. Tuttavia, qualche settimana dopo, si presentò nel mio studio in preda ai dubbi. Si sedette davanti a me con un'espressione seria e mi raccontò cosa la turbava: «Sabato scorso sono stata invitata al compleanno di una delle mie amiche e ho accettato, anche perché sapevo che Mattia sarebbe stato impegnato con i figli. Ma poi, all'ultimo momento, lui mi ha detto che si era liberato. A quel punto sono andata in crisi, non sapevo cosa fare».

Mattia avrebbe voluto passare una serata tranquilla in casa con lei, ma a lei non andava di rinunciare alla festa. Gli aveva proposto perciò di unirsi al gruppo, ma a lui l'idea non era piaciuta. «Se preferisci andare dai tuoi amici, va' pure, non ci sono problemi» le aveva detto con un tono piccato. Elena aveva tergiversato, ma alla fine aveva deciso di andare al compleanno. Il risultato? Mattia, deluso, le teneva il broncio da giorni.

«Vede, dottore» mi disse Elena, «mi sono resa conto che sarebbe stato facilissimo trovare una scusa per giustificarmi con i miei amici. Avrei potuto dire che i miei figli avevano bisogno di me, ma non me la sono sentita.»

«E perché?» chiesi.

«Perché... in realtà a me andava davvero di andare alla festa. Avevo già comprato il regalo per la mia amica e non vedevo l'ora di vedere la sua reazione quando lo avrebbe scartato. Le voglio bene, mi è stata vicina quando stavo male… Non volevo mentirle.»

Rimasi sorpreso dalle sue parole. La Elena di pochi mesi prima non avrebbe mai trovato il coraggio di fare una scelta simile. Aveva finalmente protetto i suoi bisogni preferendo affrontare il disappunto di Mattia.

«E poi… mi sono resa conto che le amicizie sono importanti» aggiunse Elena. «Mi sono isolata da tutti dopo il matrimonio, perdendo di vista i miei legami storici, e ne ho pagato il prezzo. La solitudine che ho provato dopo la separazione è stata devastante. Non voglio più commettere questo errore.»

A quel punto il mio stupore si tinse di autentica commozione – sì, ammetto che a volte mi succede di emozionarmi quando un paziente raggiunge un'improvvisa consapevolezza. Quelle parole erano un punto di svolta. Non c'era in gioco solo una festa, ma un cambiamento di prospettiva. Elena stava finalmente imparando a essere la protagonista della propria vita, e non più solo una comparsa nella storia di qualcun altro.

Questa nuova forza derivava in gran parte da una delle componenti della nostra personalità che più tendiamo a sacrificare: il Sé Giocoso o, nella classificazione di Joseph Campbell, l'archetipo del Folle, un personaggio che ha il potere di rovesciare i ruoli e di scardinare le convenzioni più rigide. Elena non ne era forse pienamente consapevole, ma era stata proprio questa parte importante della sua identità a permetterle di cambiare radicalmente vita. L'aveva aiutata a superare la solitudine e a riscoprire la sua sessualità. Le aveva ridato leggerezza e gusto per il divertimento. Soprattutto, le aveva impedito di piangersi addosso dopo la fine del matrimonio. Era stato proprio il Sé Giocoso a trascinarla fuori di casa e a spingerla a disfarsi delle vecchie abitudini.

Il Sé Giocoso ha il potere di spezzare la monotonia della trama, di portare una ventata di freschezza, di trovare il lato buffo e divertente anche nelle situazioni più drammatiche. È quella parte di noi che guarda all'esistenza con un misto di ironia e istintualità. Mentre gli altri Sé sono impegnati a fare sul serio – il Sé Giudice a puntare il dito, il Sé Guerriero a difendere l'orgoglio, il Sé Amore a piangere per qualche perdita –, lui se ne sta in disparte e osserva tutti con leggerezza e un atteggiamento scanzonato. Quando il Sé Giocoso entra in scena, l'atmosfera cambia. È lui che, nel bel mezzo di una discussione infuocata con noi stessi, ci fa venire in mente una battuta inaspettata. È la voce che, mentre sprofondiamo nella nostra insoddisfazione, sussurra laconica: «Ma davvero pensavi di avere tutto sotto controllo?».

Abbiamo visto che è una parte dell'identità molto sviluppata nei bambini, che infatti tendono ad agire in modo impulsivo e a praticare quel sano egoismo che permette loro di esprimersi in modo autentico e libero. Era proprio questo che stava accadendo a Elena: aveva cominciato a seguire i suoi desideri, a metterli perfino al primo posto, ignorando il broncio di Mattia con un'alzata di spalle.

Ma il Sé Giocoso ci porta doni ancora più preziosi. Ci insegna ad accettare un nuovo modo di vivere le relazioni, con libertà e indipendenza, senza sovraccaricarle di aspettative e significati. Ci insegna, insomma, a non mettere per l'ennesima volta il nostro destino e le nostre possibilità di autorealizzazione nelle mani di un'altra persona. A questi nuovi legami, fragili e incerti, ho dato il nome di "legami gentili", e per descriverli non trovo una similitudine più felice di quella che mi fornì un giorno, in modo quasi inconsapevole, un mio paziente.

«Dottore, è più facile che si infesti un orto o un bosco?» mi chiese Elia nel bel mezzo di una discussione sulla qualità delle relazioni di amicizia. Era laureato in Agraria ed era un esperto di ecosistemi. Aveva anche un Sé Spirituale piuttosto spiccato e curioso, perciò non mi sorpresi di quella domanda apparentemente fuori luogo.

«Suppongo un orto» gli risposi.

«Esattamente» mi rispose lui. E aggiunse che, con le sue coltivazioni isolate e protette, l'orto è molto più vulnerabile, mentre nel bosco ogni organismo è in connessione con gli altri e le risorse vengono condivise in modo tale che tutto il sistema sia più resiliente. «I funghi, in particolare» concluse Elia, «formano reti sottilissime nel sottosuolo, reti che collegano le piante e gli alberi favorendo lo scambio di nutrienti e proteggendo l'intero ecosistema.»

Fu in quel momento che ebbi l'illuminazione. I legami gentili sono proprio come quelle reti sotterranee: non cercano di controllare o di vincolare, ma di nutrire e sostenere senza soffocare. Sono legami liberi, non ancora gravati dalle aspettative di un rapporto definitivo, ma pronti a dare il proprio sostegno senza chiedere nulla in cambio: è in questa caratteristica che risiede la loro gentilezza.

Se Elena era rifiorita, era stato anche per merito di questa nuova rete di legami che aveva saputo costruirsi sulla spinta rinnovatrice del Sé Giocoso. Avrebbe potuto aggrapparsi all'idea di un salvatore, cercare un porto sicuro in Mattia, ma aveva capito che talvolta la chiave per riscoprire la nostra autenticità si trova nell'incertezza, nei legami che non hanno ancora preso forma. Elena non aveva fretta di lasciarsi alle spalle la Terra di Mezzo, voleva vivere quella fase di transizione in piena consapevolezza, godere di ogni tappa del viaggio, esplorare ogni possibilità.

Non tutti hanno il coraggio di affrontare l'ignoto come ha fatto lei, ecco perché la sua determinazione mi ha sorpreso. Molte persone cedono alla prima difficoltà. Non appena la Terra di Mezzo li mette alla prova, si ritraggono e ripongono il Sé Giocoso in un cassetto. È comprensibile: quando ci ritroviamo a navigare nello spaesamento inevitabile che segue la fine di una lunga relazione, la tentazione di aggrapparci subito a una nuova storia può essere irresistibile. Poco importa se abbiamo stretto nuove amicizie, scoperto nuovi interessi e se abbiamo ripreso, almeno in parte, il controllo della nostra vita: il dolore è sempre lì, come un'ombra che incombe. Il ricordo delle notti insonni, delle lacrime e del vuoto è impresso nella mente come un tatuaggio invisibile. Così, l'inizio di una nuova frequentazione può apparire come un'ancora di salvezza, una mano tesa, pronta a strapparci dall'incertezza della deriva.

Talvolta, invece che a una nuova relazione sentimentale, capita di aggrapparsi a un'amicizia, vecchia o nuova, che non ci nutre di nuova linfa ma ci offre un rifugio sicuro. Amicizie di questo tipo finiscono per farci da stampella: diventano una sostituzione e una sublimazione della relazione persa. Hanno ben poco del carattere disinteressato e trasformativo dei legami gentili.

Lavoro con molti pazienti che tendono a costruire relazioni chiuse. Uno di loro era Simone che, dopo la separazione dalla sua compagna storica, si era ritrovato solo. Gli amici di sempre, tutti sposati e impegnati, non erano disponibili come sperava, ma sul campo di calcetto fece amicizia con un ragazzo che, guarda caso, era appena uscito da una lunga e dolorosa relazione. Cominciarono a frequentarsi regolarmente; anzi, a dire il vero svilupparono una routine precisa: il venerdì sera giocavano a calcetto, mentre il sabato e la domenica andavano al pub e davanti a una birra sfogavano la sofferenza e la rabbia che ancora covavano per la fine delle rispettive storie.

Se inizialmente, quando Simone mi parlò di quel suo nuovo amico, accolsi la notizia con sollievo, mi accorsi ben presto che la relazione stava prendendo una piega "fusionale." Entrambi si tenevano stretti l'uno all'altro come a un'ancora in mezzo alla tempesta. Chiusi nel loro mondo, non lasciavano spiragli aperti per altre persone. Nei loro incontri si sfogavano, davano voce alle loro emozioni, ma in quel confronto non c'era spinta propositiva, si avvitavano all'infinito sugli stessi argomenti. Erano tutti e due ancora troppo fragili e, anziché incoraggiarsi a fare nuove esperienze, si rintanavano in un vicolo cieco.

Un giorno, durante una seduta, feci notare a Simone che questa amicizia, seppur positiva, stava diventando una sorta di minirelazione. Gli suggerii di usare quel nuovo legame come trampolino per ampliare la cerchia, di sfidare le sue insicurezze e di riaprirsi all'altro sesso. Gli parlai dell'importanza dell'autonomia emotiva e dei legami gentili, ma soprattutto gli dissi che, per essere tali, i legami devono includere almeno tre persone, altrimenti si rischia una fusione a due, un rapporto chiuso che, più che rinforzare, finisce per limitare, trasformandosi in una compagnia di conforto che non aiuta a ritrovare l'indipendenza e l'autostima.

Il percorso di Simone fu più irto di ostacoli rispetto a quello di Elena, perché il Sé Giocoso di Simone era molto meno vitale. Alcune persone sono in perfetta sintonia con questa voce interiore: sanno sfoderarla anche nei momenti più cupi, trasformando le difficoltà in un gioco e le avversità in una risata. Per altre è più difficile.

«Quando è stata l'ultima volta che hai fatto qualcosa per la prima volta?» gli chiesi un giorno, la domanda chiave che mi serve a testare la salute del Sé Giocoso dei miei pazienti.

«L'assemblea condominiale vale?» mi rispose Simone; non avrebbe potuto essere più eloquente.

Ci volle del tempo, ma anche lui riuscì a entrare in contatto con il proprio Sé Giocoso e a lanciarsi un po' alla volta nell'esplorazione di una nuova vita. Il Sé Giocoso, dopotutto, è già lì, anche se talvolta lo abbiamo seppellito sotto strati di serietà e doveri. È raro che venga dimenticato per sempre: spesso, per riscuoterlo, basta rievocare i momenti in cui eravamo spensierati.

Ci sono poi persone che, pur avendo un'ottima connessione con il proprio Sé Giocoso, non riescono a sfruttarne a pieno il potere trasformativo e, quando si avventurano nella Terra di Mezzo, rimangono come incagliati in qualche palude. È il caso di Manuel, un paziente che aveva chiuso una relazione per liberarsi da un amore ormai spento e inseguire nuove esperienze.

Solitamente prudente e circospetto, un giorno, durante una seduta, Manuel se ne uscì con una domanda diretta: «Ma quanto dura questa benedetta Terra di Mezzo, dottore?».

Il viaggio che tanto aveva bramato, dopo poco più di un mese sembrava essergli venuto a noia. Era stato lui a decidere di partire, a levare gli ormeggi per andare alla ricerca dell'indipendenza, come se non potesse più resistere al richiamo della provvisorietà e dell'ignoto. «Voglio divertirmi» mi diceva durante le sedute tormentate che precedettero la decisione di rompere con la sua fidanzata storica. «Voglio conoscere altre donne e vivere con leggerezza.»

Anche se non aveva il coraggio di ammetterlo, usava la parola "leggerezza" come sinonimo di "sesso". E, in effetti, nelle settimane successive aveva avuto diverse avventure: «Contatti trovati sulle app di dating» spiegava lui con aria manageriale. A quanto pareva, però, quel girotondo di adrenalina gli procurava più frustrazione che gioia. Gli chiesi di spiegarmi che cosa non andasse nelle sue fughe romantiche.

«Il primo giorno va tutto alla grande» disse Manuel. «C'è curiosità, interesse, passione. Poi... poi già la mattina dopo ho voglia di trovare una scusa per andarmene. Una volta me ne sono andato davvero e lei, nei giorni successivi, me ne ha dette di tutti i colori. Aveva ragione: ero fuggito con la più ridicola delle scuse.»

Manuel aveva scoperto che ai picchi di adrenalina seguono ricadute altrettanto ripide, e che sentirsi soli accanto a qualcuno è molto peggio che soffrire per la mancanza di compagnia. Questo brusco ritorno alla realtà è un'esperienza comune: dopo una lunga relazione rincorriamo leggerezza, passione, imprevedibilità, quando invece ciò di cui abbiamo realmente bisogno è intimità. E così può accadere che, tra un incontro fugace e l'altro, il fantasma dell'ex torni a farsi vivo. Il confronto diventa quasi inevitabile: ogni incontro accende, a tradimento, il ricordo del passato, di ciò che avevamo prima. È questo il rischio degli amori provvisori: partono in quarta ma possono raffreddarsi altrettanto velocemente, lasciandoci con una solitudine ancora più profonda di quella che cercavamo di colmare.

Paradossalmente, per usare al meglio l'energia del Sé Giocoso serve una buona dose di saggezza. Bisogna prima di tutto comprendere che le persone non sono rifugi di montagna in cui ripararsi dal freddo, dalle intemperie e della solitudine, né luna park ricreativi.

Per fortuna, Manuel non era sprovvisto di capacità di riflessione. Il suo Sé Spirituale era molto attivo, e forse era proprio la sua propensione all'ascolto e all'introspezione ad attirare l'interesse di tante donne. Riconobbe che il desiderio di nuove avventure non era altro che l'espressione di un Sé che aveva represso nella relazione precedente: il Sé Sessuale. Ma sapeva anche che, se avesse continuato ad assecondarlo, si sarebbe sentito sempre più vuoto. Così, decise di cambiare direzione: invece di inseguire nuove conquiste, scelse di costruirsi delle amicizie.

Si iscrisse a un corso di fotografia, riprese a frequentare il teatro e si sforzò di ampliare la cerchia di conoscenze, non per allargare la sua rete di "contatti", ma per esplorare altri lati di sé. Organizzava escursioni fotografiche in montagna, non perdeva un'anteprima a teatro. Presto ritrovò un equilibrio inaspettato: stava esplorando nuovi Sé, come il Sé Avventuriero e il Sé Magico, che rispontevano a un bisogno più profondo della semplice eccitazione. Da palude immobile, la Terra di Mezzo si era trasformata in un territorio florido, ricchissimo di vegetazione e di risorse naturali. La leggerezza non era più sinonimo di passione fugace, ma di libertà vera, quella che si radica nella consapevolezza e non ha bisogno di scappatoie.

Gran parte delle persone vede la Terra di Mezzo come un territorio triste e desolato. Prima di raggiungerla, molti la desiderano, immaginandola come un'oasi eccitante di libertà, ma dopo averla conosciuta, non vedono l'ora di lasciarsela alle spalle. L'entusiasmo per le nuove opportunità si spegne lentamente, soffocato dai momenti di solitudine, e improvvisamente l'idea di imbarcarsi in una nuova relazione non appare più così inopportuna. Per chi ci finisce suo malgrado, perché rifiutato, tradito o lasciato, la Terra di Mezzo può essere un'esperienza quasi straziante, una prova durissima. Eppure, è il momento perfetto per cercare nuove risposte, per cimentarsi in esperienze mai provate. La Terra di Mezzo mette a disposizione risorse preziose: tempo e libertà. Il tempo di riscoprire il piacere di fare qualcosa per il puro gusto di sperimentare, e la libertà di muoversi senza l'obbligo di rispondere ad aspettative consolidate.

È un periodo di esplorazione che può portarci alla felicità, a patto però di affrontarlo con la giusta consapevolezza. L'obiettivo più ambizioso non è l'approdo a una relazione stabile, bensì una conquista ben più importante: la capacità di bastare a se stessi, di sentirsi serenamente completi. Se raggiungiamo questo livello nel percorso di autorealizzazione, allora la prospettiva cambierà radicalmente. Stare soli non sarà più una sfida, ma una scelta. La relazione di coppia non sarà una condizione indispensabile per la felicità. Chi riesce davvero a imparare dal viaggio sa che l'amore è un bellissimo imprevisto, non una meta da raggiungere ossessivamente. Non è un caso che le persone che arrivano a sperimentare questa calma interiore, questo senso di completezza, vi inciampino proprio quando meno se lo aspettano. All'inizio quasi non se ne accorgono: vivono il nuovo legame con leggerezza, senza pretese o aspettative, né la fretta di attribuire etichette. Poi, tutto a un tratto, si scoprono innamorati. Quando accade, non è raro che emergano dei dubbi. Lasciarsi completamente andare o restare fedeli alla serenità conquistata?

Qualunque sia l'esito, il viaggio attraverso la Terra di Mezzo è un'opportunità che riceviamo in dono e che potremo sfruttare davvero solo se sapremo metterci in gioco, affrontando uno dopo l'altro i nostri fantasmi e lasciando la parola a voci sopite da troppo tempo. È un'occasione per conquistare l'indipendenza, costruire nuove reti di amicizie e ridurre il rischio di cadere vittime di dipendenze affettive o di amori catartici.

Dentro di me si muove il vento,
un soffio che cambia senza avvertire
segnali invisibili
che mi guidano senza rumore.
Dentro di me si muove il vento,
si muove leggero
ma se lo ignoro diventa tempesta
si fa tormenta
burrasca impetuosa che scuote i miei scogli sicuri.
Dentro di me si muove il vento.

Quando soffia, mi fermo
mi attendo e respiro
apro le vele
e come nave mi lascio condurre.
Ho imparato che il mio vento è sincero
Dove mi porta non so
Navigo tra le onde dei miei silenzi,
seguo il richiamo di ciò che non vedo.
E così, sospeso tra dubbio e cielo
divento naufrago, ma non perdo la rotta
perché il mio vento conosce strade
che io ancora non so.

IL SÉ GIOCOSO: TRA LEGGEREZZA E SUPERFICIALITÀ

Il Sé Giocoso rappresenta la capacità di vivere con leggerezza, di divertirsi, di sdrammatizzare e vedere il buffo nei problemi della vita. È il suono di una risata improvvisa, l'impulso che ci invita a fare gesti folli, come ballare sotto la pioggia o saltare nelle pozzanghere senza pensarci troppo.

Il Sé Giocoso è unico per definizione. Certo, possono esserci delle somiglianze, dei punti di contatto, ma ciascuno di noi ha un proprio, inimitabile modo di ridere. C'è chi lo fa di pancia, con una risata travolgente che contagia tutti. C'è chi ride in modo quasi silenzioso, come se il proprio Sé Giocoso fosse troppo raffinato per concedersi in modo plateale: è una risata che spesso richiede un pubblico selezionato, qualcuno che sappia cogliere anche l'ironia sottile.

E poi ci sono quelli che ridono più degli altri che di se stessi, che amano prenderci bonariamente in giro, ma guai se fai lo stesso con loro. C'è anche chi ride delle piccole cose, dei dettagli che altri considerano insignificanti: il gesto casuale, la battuta detta male, il modo buffo in cui qualcuno si esprime. Queste persone hanno il dono della risata quotidiana, quella che si insinua in ogni momento e illumina anche le situazioni più banali.

Il Sé Giocoso si esprime anche in modi del tutto personali quando si tratta di umorismo. Alcuni preferiscono le battute sottili, intelligenti, le frecciatine ben piazzate che ti fanno sorridere per l'arguzia. Altri adorano il sarcasmo, una risata che spesso nasconde un messaggio tra le righe. E poi ci sono i romantici del comico, quelli che si emozionano per le vecchie barzellette e che ogni volta ridono come se le sentissero per la prima volta.

In fondo, la bellezza del Sé Giocoso è proprio questa: è una parte di noi che risponde solo alla nostra personale percezione del divertimento. Ogni risata, ogni sorriso, ogni battuta ci mette in contatto con un aspetto unico di noi stessi, quel lato che, a modo suo, sa alleggerire la vita e renderci più umani.

Tuttavia, come ogni altro aspetto della personalità, anche il Sé Giocoso può oltrepassare la misura e diventare troppo esuberante. Quando è scollegato dagli altri Sé, può indurci a sfuggire alla realtà, esponendoci alla superficialità e all'edonismo. Ti è mai capitato di sentire un bisogno incontrollato di fare battute e discorsi leggeri, di pensare solo al divertimento e di "buttarla in caciara", pur di evitare il momento della riflessione e della responsabilità? Molto probabilmente eri in balia del Sé Giocoso.

Un Sé Giocoso troppo dominante può avere effetti negativi sulle relazioni interpersonali. L'allegria e la voglia di leggerezza potrebbero essere scambiate per superficialità o disimpegno.

Era ciò che accadeva a Milena, una giovane donna energica e brillante che affrontava la vita con un piglio allegro. «Quando sei triste, non pensare, esci!» ripeteva come una specie di mantra. Nelle relazioni sentimentali, però, questo atteggiamento veniva spesso frainteso. I suoi partner tendevano a sottovalutare le sue esigenze emotive e a non attribuire il giusto peso ai suoi sentimenti.

«Non si rendono conto che anche io provo delle emozioni e soffro» mi disse un giorno durante una seduta. «A loro interessa solo la Milena divertente e buffa.»

Sempre più spesso, quando Milena tentava di esprimere i propri sentimenti, veniva ignorata o perfino lasciata. La delusione e il dolore iniziarono a manifestarsi sotto forma di attacchi di panico. Durante la terapia scoprimmo che dietro l'esuberanza del suo Sé Giocoso si nascondeva un grande timore che risaliva all'infanzia. «Ho paura di essere sola con i miei pensieri» confessò Milena un giorno. Da bambina aveva avuto grossi problemi a scuola a causa di un disturbo dell'attenzione mai diagnosticato. I suoi genitori, molto esigenti, cercavano di spronarla, però senza volerlo avevano finito per traumatizzarla. Frasi come «Se non ci arrivi, ti porto a ripetizione» o «Devi studiare più degli altri» la accompagnavano quasi ogni giorno. E così, Milena aveva finito per associare lo studio, il pensiero e lo spazio della riflessione a una sensazione di inadeguatezza.

Al contrario, la giocosità e il divertimento erano territori sicuri, dove poteva brillare e avere conferme senza sentirsi giudicata.

Durante il percorso insieme, Milena imparò a riconoscere che il suo valore e la sua profondità d'animo non dipendevano dai risultati scolastici. Riscoprendo i doni del suo Sé Spirituale, iniziò a esplorare aspetti nascosti della propria personalità. Si rese conto che possedeva un'ottima capacità introspettiva che per anni aveva trascurato. A mano a mano che il lavoro proseguiva, il Sé Giocoso di Milena si ridimensionò fino a tornare al suo equilibrio naturale. Finché Milena capì che poteva ancora divertirsi e far ridere gli altri, senza tuttavia essere schiava della leggerezza. E, in più, scoprì che possiamo sperimentare la leggerezza più autentica solo quando smettiamo di avere paura del peso delle nostre emozioni. Con questa consapevolezza, Milena trovò un nuovo equilibrio in cui la gioia e la profondità non erano più in conflitto.

EPILOGO

Ho contato i miei anni e ho scoperto che ho meno tempo da vivere da ora in avanti, rispetto a quanto ho vissuto finora.
Mi sento come quel bimbo cui regalano un sacchetto di caramelle: le prime le mangia felice e in fretta,
ma, quando si accorge che gliene rimangono poche,
comincia a gustarle profondamente.
Non ho tempo per riunioni interminabili, in cui si discutono statuti, leggi, procedimenti e regolamenti interni,
sapendo che alla fine non si concluderà nulla.
Non ho tempo per sopportare persone assurde che,
oltre che per l'età anagrafica, non sono cresciute
per nessun altro aspetto.
Non ho tempo da perdere per sciocchezze.
Non voglio partecipare a riunioni
in cui sfilano solo "Ego" gonfiati.
Ora non sopporto i manipolatori, gli arrivisti,
né gli approfittatori.
Mi disturbano gli invidiosi, che cercano di screditare i più capaci, per appropriarsi del loro talento e dei loro risultati.
Detesto, se ne sono testimone, gli effetti
che genera la lotta per un incarico importante.
Le persone non discutono sui contenuti, ma solo sui titoli.
Ho poco tempo per discutere
di beni materiali o posizioni sociali.
Amo l'essenziale, perché la mia anima ora ha fretta.
E con così poche le caramelle nel sacchetto...
Adesso, così solo, voglio vivere
tra gli esseri umani, molto sensibili.
Gente che sappia amare e burlarsi dell'ingenuo
e dei suoi errori.
Gente molto sicura di se stessa, che non si vanti dei suoi lussi e delle sue ricchezze. Gente che non si consideri eletta anzitempo. Gente che non sfugga alle sue responsabilità.
Gente molto sincera che difenda la dignità umana.
Con gente che desideri solo vivere con onestà e rettitudine.
Perché solo l'essenziale è ciò che fa sì
che la vita valga la pena viverla.

Voglio circondarmi di gente che sappia arrivare
al cuore delle altre persone…
Gente cui i duri colpi della vita abbiano insegnato
a crescere con dolci carezze nell'anima.
Sì… ho fretta…
Non intendo sprecare neanche una sola caramella
di quelle che ora mi restano.
Sono sicuro che saranno più squisite
di quelle che ho mangiato finora.
Il mio obiettivo, alla fine, è andar via soddisfatto
e in pace con i miei cari e con la mia coscienza.
Ti auguro che anche il tuo obiettivo sia lo stesso,
perché, in qualche modo, anche tu te ne andrai…

Mário de Andrade, *Ho contato i miei anni*

Gli amori catartici seguono quasi sempre delle fasi precise. Cominciano con una scintilla che libera un'energia repressa da troppo tempo. Come in un'esplosione, i Sé Rinnegati si risvegliano e si scatenano: l'effetto è travolgente, le emozioni divampano e alimentano così l'illusione che il sentimento sia destinato a non spegnersi mai.

Poi arriva la seconda fase: la disillusione. È un momento critico, carico di frustrazione e di scoperte dolorose. L'idillio comincia a sgretolarsi sotto il peso dell'assenza, dell'ambivalenza e dell'indifferenza. Questa fase può durare a lungo, persino anni. I Sé Rinnegati, ora risvegliati, non hanno alcuna intenzione di mollare il colpo, non importa quanto la relazione sia diventata difficile e tossica: è lì che hanno trovato lo spazio per rinascere e lì pretendono di restare. L'alternativa sarebbe una vita che appare grigia, mediocre; una volta che si è assaporato il volo, la terra risulta pesante. In questa fase, la mente è ossessionata dall'altro, dai suoi comportamenti, dai suoi silenzi, dalle sue assenze. Va alla ricerca di spiegazioni e giustificazioni perdendosi in una miriade di vicoli ciechi, ed è così proiettata all'esterno che ignora ciò che accade dentro. Non si accorge che nel teatro interiore il Saggio e il Guerriero, due degli attori principali, sono stati buttati giù dal palcoscenico.

Nella fase successiva, questi stessi attori tentano di riguadagnare il loro posto. I pensieri allora cambiano direzione e tornano ad aprirsi, a includere prospettive più ampie. L'orgoglio e la dignità sussultano, riacquistano valore. È una fase di ricadute, di trappole emozionali, un'altalena di speranze e delusioni.

Ma adesso almeno esiste una mappa, una via di fuga. Occorre solo trovare la lucidità per aggirare gli ostacoli e la forza per arrivare fino alla meta. A quel punto, è solo una questione di tempo.

Anita indugiava in questo limbo da parecchio. Aveva ben presente, almeno a parole, che la sua relazione con Diego si era avvitata in una spirale negativa che avrebbe potuto soltanto peggiorare. «È una forma di dipendenza, me ne rendo perfettamente conto» ammetteva lei per prima. «Ora mi è chiaro: Diego ha risvegliato in me una componente che ho sempre represso, quella sessualità di cui mi sono sempre vergognata. Ma proprio per questo non riesco a rinunciarci. E lui, da vero narcisista, mi tiene legata a sé sfruttando le mie debolezze.»

«E dunque, pur di non lasciarlo andare, sei disposta ad accettare qualsiasi comportamento da parte sua?» le chiedevo io. Lei mi fissava impassibile e infine distoglieva lo sguardo senza rispondere.

Anita aveva già compilato una lista pressoché infinita delle umiliazioni che aveva sopportato a causa di Diego. Ormai la loro era una relazione totalmente sbilanciata: lui faceva il bello e il cattivo tempo, decideva quando potevano vedersi e quando invece dovevano stare lontani, dettava le regole e Anita non opponeva resistenza. Eppure, il suo Sé Spirituale sembrava presente. Anita appariva fin troppo lucida: vedeva nitidamente tutti i difetti del compagno, non credeva più alle sue menzogne. Ma ogni volta che sul display del cellulare compariva il suo nome, rispondeva alla chiamata o al messaggio.

Per un attimo avevo sperato che con l'attacco di panico che l'aveva colpita durante un consiglio di classe avesse raggiunto il suo punto di non ritorno, che la scossa di cui tanto aveva bisogno si fosse presentata nella forma forse più dolorosa ma, se non altro, più efficace. L'unico effetto sortito da quell'episodio, tuttavia, era stato un ridimensionamento delle sue aspettative. Per preservarsi da altre delusioni, Anita aveva deciso inconsapevolmente di non pretendere più niente da Diego, di limitarsi a prendere ciò che lui le offriva. In questo modo riusciva a gestire quel poco di energie psichiche che le restavano.

Raramente avevo visto un atteggiamento così arrendevole in un paziente. Il Sé Guerriero di Anita sembrava esanime. Eppure c'era: ne ero certo perché avevo conosciuto Anita ben prima della comparsa di Diego, e avevo visto con quanta determinazione e orgoglio era riuscita a superare le sue insicurezze e a costruirsi una solida autostima. Inoltre, tutti abbiamo un guerriero dentro di noi, magari malconcio, stanco, avvilito, trascurato, ma pur sempre guerriero. Non dobbiamo mai perdere la speranza.

Dunque non demordevo: durante le nostre sedute riportavo Anita al suo passato, all'infanzia e all'adolescenza e alla relazione con la madre, sicuro che fosse la chiave per arrivare a una risoluzione. Anita mi seguiva, prima dubbiosa, poi più coinvolta. Ripensava alle pressioni e ai condizionamenti che la madre aveva sempre esercitato su di lei, e cominciava a vedere tutto in una luce diversa.

«I suoi commenti erano come macigni che, un po' alla volta, hanno seppellito la mia istintualità» mi raccontava. «"Con quella maglia scollata sembri una ragazza facile!" mi diceva, oppure: "Stai attenta che la maggior parte dei ragazzi vuole solo una cosa!". Sono cresciuta con l'idea che gli uomini fossero una minaccia, qualcosa da cui difendermi, e che il sesso fosse un peccato.»

Al contrario della maggior parte delle persone che, con l'arrivo dell'adolescenza, comincia a prendere le distanze dai genitori e a mettere in discussione la loro autorità, Anita non aveva mai compiuto quel passo, se non con grande ritardo e mai con una presa di coscienza piena. Anche in età adulta aveva continuato a cercare il consenso della madre e a conformarsi alle sue aspettative.

«Se ripenso alla mia relazione con Giacomo, mi rendo conto che l'ho sempre visto come un porto sicuro» mi spiegò un giorno. «Era il legame tranquillo e rispettabile verso cui mia madre mi aveva sempre spinta, il massimo a cui pensavo di poter ambire... Ero convinta di esserne innamorata e allo stesso tempo mi sembrava di non meritare uno come lui. Anche mia madre mi diceva spesso che avrei dovuto ritenermi fortunata.»

Poi, con il passare del tempo, l'attenzione di Anita si spostò su suo padre, quell'uomo assente eppure così ingombrante. Il patriarca che non doveva essere disturbato, il marito venerato e il padre temuto. Il rapporto tra i suoi genitori era sempre stato impenetrabile agli occhi esterni. I figli assistevano ai loro silenzi e ai loro sguardi distanti senza farsi domande.

Ma adesso Anita cominciava a sospettare che dietro quell'intesa monolitica che non permetteva a nessuno di intromettersi ci fossero dei segreti.

«Ne ho parlato anche con mio fratello» mi disse un giorno. «Siamo tornati con la memoria all'infanzia. Le assenze di mio padre per lavoro erano sempre ammantate da un'aura di mistero. Non sapevamo mai dove fosse esattamente né quando sarebbe tornato. Ma più le sue assenze si protraevano, più nostra madre si faceva cupa e inquieta. Al suo ritorno, lei lo accoglieva con gelo. Ricordo che si occupava dei suoi bagagli e del bucato senza quasi salutarlo. Papà aveva spesso dei regali per tutti noi, ma la mamma non li degnava di uno sguardo. Seguivano giorni di assestamento, in cui tutti tentavamo di riabituarci alla presenza del patriarca. Era in quella fase che spesso la mamma accusava i suoi mal di schiena paralizzanti, come se volesse in qualche modo richiamare l'attenzione su di sé o punire mio padre per le sue assenze. Finché gradualmente la tensione tra i miei genitori si scioglieva, e allora non dico che si scambiassero manifestazioni di affetto, ma in qualche modo si riavvicinavano. Andavano a messa insieme, camminando a braccetto... Papà non perdeva occasione di ricordare alla gente quanto fosse fiero di avere una moglie così devota, e la mamma abbassava lo sguardo emozionata. Nel paese li consideravano una coppia esemplare e tutto sembrava filare liscio... fino alla successiva partenza di papà. Mio fratello dice che avevamo tutto sotto gli occhi, solo che non volevamo vedere...»

«Che cosa non volevate vedere?» chiesi ad Anita.

«Che mio padre aveva un'altra relazione e forse anche un'altra famiglia in un'altra città. Non abbiamo delle prove certe, ma mettendo insieme tutti gli indizi i dubbi si riducono al minimo. Mio fratello l'ha sentito parlare più di una volta al telefono con una certa Rosa, e io una volta ho adocchiato una lettera sulla sua scrivania che, guarda caso, riportava lo stesso nome nella firma. Poi ci siamo domandati: "Perché papà continua a viaggiare anche ora che è in pensione?". Ufficialmente fa il consulente per varie aziende, ma i dettagli di queste collaborazioni sono sempre piuttosto confusi. Ho provato a chiedergli qualche delucidazione, con nonchalance, ma mio padre ha fatto muro di gomma.»

Nelle settimane successive, la presunta relazione extraconiugale di suo padre divenne quasi un'ossessione per Anita. «Mio fratello dice che dovremmo lasciar perdere, che rivangare il passato smuoverà solo tonnellate di dolore ormai sepolte, ma io ho bisogno di sapere...»

Era comprensibile che per Anita fosse più difficile metterci una pietra sopra. Di fatto, l'infelicità della madre aveva pesato soprattutto su di lei. Ogni volta che Claudia era rimasta bloccata a letto a causa dei suoi mal di schiena era stata Anita ad accudirla, come se in qualche modo si ritenesse responsabile del malessere della madre. Ora, invece, per la prima volta intuiva un'altra possibilità: forse all'origine della sofferenza di sua madre c'era qualcosa di indicibile, qualcosa che i suoi genitori avevano tacitamente deciso di nascondere, e in questo nuovo scenario Anita si sentiva finalmente vittima e non colpevole.

Un giorno si decise a parlarne con Claudia. Lo definì un tentativo quasi patetico, eppure le valse la conferma di cui aveva bisogno.

«Com'è andata?» le chiesi quando ci rivedemmo.

«Ha finto di non capire, poi si è chiusa in se stessa, infine si è sentita male, il solito mal di schiena, e mi ha chiesto di andarmene...»

«Ti aspettavi una reazione diversa?» le domandai.

«No, mi aspettavo esattamente questo» rispose Anita con un'espressione quasi indifferente. «Sapevo di chiederle troppo. Ammettere il tradimento di mio padre significherebbe renderlo reale. Non credo che sarebbe in grado di sopportare il peso della consapevolezza. Però in qualche modo mia madre sa tutto, è evidente. Nel suo farneticare ha ripetuto più volte lo stesso concetto: "Tanto io aspetto sempre. Aspetto da una vita. Non faccio altro che aspettare...". Io volevo sapere se avesse mai chiesto spiegazioni a mio padre e lei riusciva a ribattere soltanto che il suo ruolo era aspettare, come se fosse impotente, come se non avesse voce in capitolo.»

In quel periodo tormentato Anita non aveva mai smesso di frequentare Diego. Diceva di averne bisogno per distrarsi. «Per non pensare a tutti i miei casini...» si giustificava. Tuttavia, quando parlava di lui sembrava meno coinvolta. Non accennava più alla magia o alla sensazione di sentirsi se stessa.

«C'è qualcosa di diverso nella vostra relazione? Diego ha forse fatto qualcosa che ti ha turbata?» provai a chiederle un pomeriggio in cui, dopo tanto tempo, eravamo tornati a parlare della sua relazione.

«No» ribatté lei impassibile. «Anzi, ultimamente si fa sentire più spesso. Mi ha perfino detto che forse quest'estate andremo in vacanza insieme.»

«Forse?» ribattei.

«Sì, non lo sa ancora. Dipende dal lavoro. Per ora non può sbilanciarsi... E non vuole che mi crei troppe aspettative...»

«E a te sta bene? Non ti piacerebbe crearti nuove aspettative?»

Anita taceva, come sempre in questi casi, assorta nei suoi pensieri. Avevo però la sensazione che stesse maturando una nuova consapevolezza. Perciò per una volta decisi di insistere. «Hai mai pensato a quante estati le persone hanno a disposizione in una vita? E dimmi: quante estati ricordi in cui sei stata felice? E quante in cui hai aspettato qualcosa, o qualcuno? Quante estati ti mancano da vivere?»

Anita a quel punto alzò lo sguardo, come se si fosse risvegliata da un sonno indotto da un potente farmaco. «Forse non in questi termini, ma ultimamente penso spesso al tempo che passa, al valore che gli attribuiamo...» disse assorta. «Penso sempre a mia madre, che ha aspettato infinite volte il ritorno di mio padre e che ancora aspetta. Ha passato la vita ad aspettare. Lei di certo le conterà sulle dita di una mano, le estati in cui è stata davvero felice...»

«E tu, Anita?» la incalzai. «Tu che cosa vuoi fare? Ti sta bene continuare ad aspettare Diego per un tempo indeterminato?»

Anita riabbassò lo sguardo e si richiuse di nuovo in uno dei suoi silenzi. Era diverso dal solito, però, non passivo e rassegnato, ma pieno di interrogativi, questioni che abbracciavano orizzonti ben più ampi dei pensieri a vicolo cieco che la tenevano inchiodata alla sua dipendenza catartica. Nelle sedute successive, poco alla volta, cominciammo a esplorarli insieme. Chi voleva essere Anita? La bambina ubbidiente che assecondava sempre il volere della famiglia? La vittima collaterale di un matrimonio infelice? Il giocattolo di Diego? Una donna perennemente in attesa, come era stata sua madre?

Il suo Sé Spirituale era in pieno fermento. «Comincio a vedere mia madre sotto una nuova luce. Per tanto tempo l'ho messa su un piedistallo, la consideravo quasi una martire che si sacrificava per tutta la famiglia, al cui cospetto non potevo che prostrarmi. Poi l'ho odiata: all'improvviso era l'aguzzina che mi aveva rovinato la vita con la sua mentalità beghina. Oggi comincio a pensare che sia soltanto una vittima, che a sua volta ha subito i condizionamenti di una madre oppressa. Forse dovrei perdonarla. Quel che so è che non voglio essere come lei, non voglio replicare a mia volta uno schema tramandato di generazione in generazione.»

Eccolo, finalmente: all'orizzonte si intravedeva il punto di non ritorno. La forza tranquilla del Sé Spirituale aveva lentamente arginato il Sé Compiacente, e il Sé Guerriero era riuscito a rialzare la testa. Non fu una di quelle decisioni irremovibili prese dall'oggi al domani, ma gradualmente Anita riuscì a staccarsi da Diego. Dopo ogni cedimento, quando lui allungava i suoi tentacoli e la riattirava nella sua trappola, Anita ripensava alle parole di Claudia – «Tanto io aspetto sempre. Aspetto da una vita. Non faccio altro che aspettare...» – e allora avvertiva come una scossa, un sussulto di orgoglio che la riportava sulla strada giusta. Finché non tagliò i ponti definitivamente.

«E adesso che si fa?» mi chiese lei, all'indomani dell'addio definitivo.

A quel punto erano passati due anni dall'inizio della sua relazione con Diego.

«Adesso parti, ti metti in viaggio. Ti aspetta la Terra di Mezzo» le dissi. «È l'occasione per esplorare te stessa e per metterti alla prova. Ciò che hai scoperto con Diego, la tua istintualità, era qualcosa che già possedevi, solo non eri mai riuscita a esprimerla. Adesso puoi riappropriarti dei Sé Rinnegati e farne una parte integrante della tua personalità...»

Che cosa significava tutto ciò in concreto? L'incontro con Diego aveva liberato l'energia sessuale di Anita, il che non vuol dire che prima di allora lei non avesse mai conosciuto il sesso. L'aveva piuttosto vissuto entro confini stabiliti, con forme e modalità che erano frutto di scelte razionali più che dell'istinto. Del resto, la razionalità aveva guidato il suo rapporto con l'altro sesso in tutto e per tutto. Nei confronti degli uomini Anita aveva sempre attuato una sorta di resistenza. Non si era mai concessa lo sfizio del flirt, della seduzione e della provocazione. Non aveva mai seguito il suo istinto quando si trattava di scegliere un compagno. Nella sua mente era troppo preponderante il desiderio di non contrariare la madre, di trovare una persona che rispondesse a requisiti precisi. Negli ultimi due anni, invece, Anita non era più riuscita a contenere i suoi impulsi e ne aveva sperimentato tutta la potenza. La sua energia vitale era tornata. Ora si trattava solo di trovare un equilibrio, di fare in modo che istinto e razionalità avessero entrambi spazio.

«Sa che le dico, dottore? Per una volta sento di potercela fare...» annunciò con un sorriso saggio.

«Io ne sono certo, Anita.»

«Ha sempre avuto molta fiducia in me, forse troppa...» ribatté con sguardo sibillino. «Dica la verità, però... Lei, dottore, lo sapeva fin dall'inizio che questa storia sarebbe finita male...»

Mi faceva sorridere che, dopo tanti anni, Anita mi chiamasse ancora dottore e non riuscisse a darmi del tu. Tuttavia rimasi serio: il momento era troppo importante. «Io, veramente, ho sempre creduto nel lieto fine, e sono felice di aver avuto ragione.»

Spesso i miei pazienti mi chiedono se un amore catartico possa avere un lieto fine, se sia davvero in grado di trasformarsi in un qualcosa di duraturo, nel *vero* amore, quello che resiste al tempo e ci accompagna negli anni. Di solito rispondo che tutto è possibile, perché le questioni di cuore non rispondono alla logica. Tuttavia, dopo quindici anni di esperienza come terapeuta, devo ammettere che un esito felice in queste storie non l'ho mai incontrato. Anche se a volte durano a lungo, gli amori catartici alla fine si logorano e spesso si risolvono in uno strappo.

Sono relazioni che partono con il piede sbagliato: nascono da energie interiori rinnegate, da ferite profonde e irrisolte. Quando una persona è in conflitto con se stessa, difficilmente potrà costruire un amore maturo; l'intensità delle emozioni è eccessiva.

Troppo amore, troppe aspettative, troppa paura di essere abbandonati si traducono in compromessi continui, conflitti aspri e desideri irrealizzati. Un terrore latente, il terrore della perdita e del distacco, serpeggia sotto la superficie della relazione e rende tutto precario. Il risultato è una relazione che manca di equilibrio e non trova mai un centro stabile. Amare davvero richiede una consapevolezza di fondo: la certezza che l'altro non ci appartiene, che nessuno ci è dovuto. Essere se stessi in un rapporto significa accettare che, se quel legame dovesse finire, dovremo avere la forza di fare i conti con la solitudine e vivere il distacco senza farsi prendere dall'ansia di colmare ogni vuoto.

La rottura, dunque, è un esito quasi naturale quando si tratta di un amore catartico, ma non lascia dietro di sé macerie infeconde. Accanto al dolore, devastante e terribile, cresce una nuova sicurezza, la consapevolezza di avere affrontato la tempesta con coraggio, di aver guardato l'ignoto, comprese parti recondite della nostra identità che non avremmo mai voluto vedere. È una prova da cui si può rinascere migliori, più saggi, più determinati e leggeri, e raggiungere così una condizione di pace, indipendenza e libertà che per molti comuni mortali è solo un miraggio. Da questa prospettiva, l'epilogo di un amore catartico non può che considerarsi un lieto fine.

A un certo punto devi accettare
che nessuno ti può dare il permesso di essere felice.
A un certo punto sei tu che scegli
e non potrai accontentare tutti.
Qualcuno capirà, ma molti altri non saranno d'accordo.
Metteranno il muso, si offenderanno, qualcuno arriverà
a dirti che non vuole più avere a che fare con te:
certe scelte sono come una forbice che taglia
la destra dalla sinistra.
Non puoi pretendere comprensione istantanea.

Forse vuoi andare via da un posto,
forse hai capito che qualcuno non è più per te,
forse hai deciso di iniziare qualcosa e cerchi approvazione.
Be', probabilmente non l'avrai.
Probabilmente dovrai concedere tempo
a chi subisce la tua scelta,
dovrai dargli il tempo del diniego, della rabbia,
della lontananza. Gli altri non abitano i tuoi pensieri
e non possono nemmeno immaginare dove sei stato
e dove sei ora,
non sanno le tue tempeste
e nessuna spiegazione servirà ad accorciare la distanza
che c'è tra il tuo mistero
e quello degli altri.
A un certo punto diventi tu il solo responsabile.
Non è una punizione.
La responsabilità non è un peso, ma il potere
con cui puoi liberare te stesso e gli altri.
A un certo punto ti accorgi che certe scelte mettono fine
a una sofferenza vuota
e procurano un dolore nuovo, finalmente a scadenza.
È il dolore della guarigione.

Manuela Toto

BIBLIOGRAFIA

ASSAGIOLI, ROBERTO, *Psicosintesi. Per l'armonia della vita*, Astrolabio Ubaldini, Roma 1993.

BOSCHI, STEFANO, *Terapia dei nuclei profondi. La comunicazione efficace contro la tirannia delle emozioni*, Edizioni Sonda, Casale Monferrato 2007.

BOURBEAU, LISE, *Le 5 ferite e come guarirle*, traduzione di Daniela Muggia, Amrita Edizioni, Torino 2002.

BOURBEAU, LISE, *Le 5 ferite. Nuove chiavi di guarigione*, traduzione di Luciana Cisbani e Marianna Savoia, Amrita Edizioni, Torino 2015.

CAMPBELL, JOSEPH, *L'eroe dai mille volti*, traduzione di Franca Piazza, Lindau, Torino 2012.

ERRANI, FRANCA, *Il caleidoscopio interiore. Introduzione al Voice Dialogue*, Edizioni Sì, Cesena 2005 (Ristampa: settembre 2015).

FABER, ANDREW, *Ti passo a perdere*, illustrazioni di Giulia Angelini, Interno Poesia Editore, 2022.

Freud, Sigmund, *L'Io e l'Es*, traduzione di Cesare L. Musatti, Bollati Boringhieri, Torino 1978.

Gazzillo, Francesco, *Fidarsi dei pazienti. Introduzione alla Control-Mastery Theory*, Raffaello Cortina Editore, Milano 2021.

Ghezzani, Nicola. *L'amore impossibile. Affrontare la dipendenza affettiva maschile e femminile*, Franco Angeli, Milano 2015.

Heller, Laurence e LaPierre, Aline, *Guarire i traumi dell'età evolutiva. L'influenza del trauma precoce sull'autoregolazione, l'immagine di sé e la capacità di relazione*, traduzione di Angelina Cunsolo, Astrolabio Ubaldini, Roma 2018.

Hillman, James, *Il codice dell'anima. Carattere, vocazione, destino*, traduzione di Adriana Bottini, Adelphi, Milano 1997.

Jung, Carl Gustav, *Gli archetipi e l'inconscio collettivo*, traduzione di Elena Scanzer e Antonio Vitolo, Bollati Boringhieri, Torino 2013.

Jung, Carl Gustav, *L'io e l'inconscio*, traduzione di Arrigo Vita, Bollati Boringhieri, Torino 2012.

Pearson, Carol S., *Risvegliare l'eroe dentro di noi. Dodici archetipi per trovare noi stessi*, traduzione di Paola Chiesa, Astrolabio Ubaldini, Roma 1992.

Perls, Fritz, Hefferline, Ralph F. e Goodman, Paul, *Teoria e pratica della terapia della Gestalt. Vitalità e accrescimento della personalità umana*, Astrolabio Ubaldini, Roma 1997.

Rilke, Rainer Maria, *Lettere a un giovane poeta*, traduzione di Leone Traverso, Adelphi, Milano 1985.

Stone, Hal e Stone, Sidra, *Il Dialogo delle Voci. Conoscere ed integrare i nostri sé nascosti*, Amrita Edizioni, Torino 1996.

Toto, Manuela, *Sotto le scale. Parole per l'indipendenza emotiva*, Youcanprint, Lecce 2023.

Uslenghi, Daniela, *Il metodo Hoffman. Il percorso di crescita personale che ti libera dai condizionamenti del passato e ti insegna ad amare e lasciarti amare*, Rizzoli, Milano 2024.

Weiss, Joseph e Sampson, Harold, *Convinzioni patogene. La scuola psicoanalitica di San Francisco*, Quattroventi, Urbino 1999.

Indice

Finito di stampare nel mese di marzo 2025
su carta HOLMEN
con fibra vergine proveniente da foreste sostenibili
holmen.com/paper presso Elcograf S.p.A. – Stabilimento Cles (TN)